Korvettenkapitän & Mundwäscherin

Andreas Schindl
Bernd Matschedolnig

Korvettenkapitän & Mundwäscherin

Was man in Wien einmal werden konnte

METROVERLAG

FÜR MEINE FAMILIE

INHALT

VORWORT

Kaum ein Buch ist mir in den letzten Jahren untergekommen, das wienerischer wäre als das vorliegende. Obwohl – oder vielleicht gerade deshalb – es nicht um Wein, *G'müatlichkeit* und Walzerseligkeit geht.

Die Berufe, die geschildert werden und diejenigen, die sie ausgeübt haben, sind Wien. Und dieses Wienerische wiederum scheint mir am treffendsten an der facettenreichen Figur des Hausmeisters beziehungsweise der Hausmeisterin abzuhandeln zu sein.

Der Begriff *Hausmeister* musste und muss bis heute nicht gegendert oder mit einem Binnen-I versehen werden, denn gerade *da Hausmasta* und *de Hausmastarin* wurden und werden immer (noch) nach maskulin und feminin strikt getrennt, obschon sie einerseits beide Figuren sind, die inhaltlich ganz das Gleiche, formal aber beileibe nicht Dasselbe darstellen.

Ich erinnere mich an ein Hausmeisterehepaar, wo Gleich- und Verschiedenheit unmittelbar aufeinanderprallten. Die *Hausmastarischen,* wie sie von den Leuten in der Siedlung genannt wurden, waren beide resolut respekteinfordernd, zu uns Kindern streng, ja oft schikanös, und doch letztlich voll Güte und Humor. Die *Hausmastarischen* waren die ersten, die damals einen Fernsehapparat, wie man sagte, besaßen und ließen uns Kinder jeden Mittwoch den Kasperl schauen.

Das heißt, sie ließ uns schauen, er widersprach zwar nicht, war aber sichtlich mürrisch und unerfreut über die Kinderschar, die sich jeden Mittwochnachmittag in der

Hausmeisterwohnung einfand. Und wie es beim Kasperltheater eben so war, regten wir uns maßlos auf, wenn der böse Zauberer seine Missetaten vorbereitete und der Kasperl nicht da war, um sie zu sabotieren. „Kasperl! Kasperl!“, riefen wir uns die Kehlen wund, und als der Kasperl dann endlich erschien, sah er den bösen Zauberer nicht, der sich linkisch hinter einer Hecke versteckt hatte, und wir riefen wieder: „Kasperl! Kasperl, hinter dir ...!“ Der Kasperl aber wollte und wollte den Schurken nicht entdecken, was uns Kinder zur Verzweiflung trieb, ihn, den Hausmeister, aber klammheimlich freute und ihn sagen ließ: „Des is a ganz a schena Trottel, euer Kasperl.“

Die gütige Erlaubnis der Hausmeisterin auf der einen Seite und das grundsätzliche Nichteinverständnis des Hausmeisters auf der anderen hat nichts Widersprüchliches, sondern eher etwas Dialektisches, dessen Synthese das Wienerische ist.

Übrigens, wenn man berücksichtigt, wie oft gesagt wurde und immer noch gesagt wird: „Se san a Kasperl“, dann ist Kasperl in Wien auch ein Beruf gewesen und wird – „denn den Wurstel, mei Liaba, kann kana daschlog'n“ – immer einer sein.

Prof. Joesi Prokopetz

DIE TITEL DER TOTEN
Ein Diesseits im Jenseits

„Ordnung ist das halbe Leben!" Mit diesem Satz versuchte mein Vater, meine Brüder und mich zur Disziplin zu erziehen. Schon als Kind habe ich darüber nachgedacht, was wohl die zweite Hälfte des Lebens ausmachte und ob demnach der Tod die ganze Unordnung sei. Jahrzehnte später hat die Beschäftigung mit Titeln und Berufsbezeichnungen auf Grabsteinen zu einer neuerlichen Beschäftigung mit dieser Frage geführt und zu deren – teilweisen – Beantwortung beigetragen.

Die nekrophile Neigung der Österreicher und namentlich der Wiener ist beinahe sprichwörtlich. Es ist daher wenig erstaunlich, dass im Leben der Österreicher der Tod im Allgemeinen und Friedhöfe im Speziellen eine bedeutende Rolle spielen. Die Wurzeln des hierorts gepflogenen Totenkults mögen im Begräbnispomp der Zeit des Barocks liegen, der den einfachen Menschen, die ansonsten wenig Ablenkung von der Tristesse des Alltags gekannt haben, immerhin das Ableben ihrer Angehörigen zum farbenfrohen Erlebnis werden ließ.

Interessant ist in diesem Zusammenhang, dass laut einer IMAS-Umfrage zwar 83 Prozent der Österreicher nach eigenen Angaben einer christlichen Kirche angehören, aber nur 48 Prozent der Befragten im Alter zwischen 30 und 50 Jahren an ein Leben nach dem Tod glauben. Das erscheint inkonsequent.

Manche Österreicher setzen sich allerdings sogar systematisch mit dem Tod auseinander, was möglicherweise eine Methode ist, ihm den Schrecken zu nehmen: Ein frühpensionierter Wiener (auch ein austriakischer Archetypus) hat eine 12.000 Gräber umfassende Datenbank erstellt, in der neben Sterbedaten auch die genauen Positionen der Grabstätten sowie Berufsbezeichnungen und Grabsprüche erfasst sind.

Auch die heimische Literatur und Musik legen von der Bedeutung des Todes für das Leben des österreichischen Menschen ein vielseitiges und vielstimmiges Zeugnis ab. Manche Lieder und Gedichte lassen die Sehnsucht nach dem Tod und der damit verbundenen (letzten) Ruhe jener ahnen, die nichts mehr zu verlieren haben.

In Horst Chmelas Lied „Der Wasl Bua" heißt es in der vierten Strophe:

Am Friedhof draußt, Leut' glaubt's ma's g'wiss,
da is' für mi' das Paradies
da blüh'n die Bleamerln rings herum
da steßt mit mir ka Mensch mehr um

Mit dem Tod ließ sich in Wien schon von jeher ein Geschäft machen. So kann es als bezeichnend für das Interesse am Tod und dessen Vermarktbarkeit gelten, dass das Bestattungsmuseum nicht nur im Jahr 2014 neue Räumlichkeiten am Wiener Zentralfriedhof bezogen hat, sondern auch eine eigene Mitarbeiterin für Eventmanagement beschäftigt, die unter anderem für die Abwicklung des jährlichen Livekonzerts namens „Nachklang" verantwortlich zeichnet, das zu Sommerbeginn am Zentralfriedhof über die Bühne geht.

Nicht unbeträchtliche Verwunderung ruft selbst unter eingefleischten österreichischen Aficionados der schönen Leich' das zunehmende Interesse asiatischer und hier besonders japanischer Friedhofstouristen im doppelten Wortsinn hervor. Denn nicht nur besuchen immer mehr Japaner während ihrer Wien-Reise den Zentralfriedhof und andere Friedhöfe der Bundeshauptstadt, einige wünschen sich neuerdings auch eine Bestattung in Österreich. Dieses Ansinnen fußt nicht zuletzt auf der in Japan herrschenden Verehrung von Komponisten der Wiener Klassik. Für manchen Musikfreund scheint es also erstrebenswert, Beethoven oder Mozart auch im Tode möglichst nahe zu sein. Um diese Bedürfnisse in Hinkunft befriedigen zu können, hat ein japanischer Geschäftsmann einen Teil der Arkaden des Zentralfriedhofs renovieren lassen und für 100 Jahre gepachtet. Für umgerechnet 21.000 Euro, die Überführung der Urne per Flugzeug ist inkludiert, bekommt man nach seinem Ableben eine Beisetzungszeremonie, auf Wunsch mit Musik, und die Bestattung der Urne wenige Schritte vom Grab Beethovens und Mozarts entfernt.

Eine wahrscheinlich ebenso ausgeprägte wie ambivalente Beziehung verbindet den Kakanier neben dem Tod mit dem Titel. In einem Land, in dem sogar Aussteller von Strafzetteln einen Titel führen und von Amts wegen *Organ* heißen, Angestellte der städtischen Bestattung noch heute selbstverständlich als *Pompfüneberer* apostrophiert und Volkssänger zu *Professoren* ernannt werden, liegt eine Verknüpfung beider Leidenschaften auf der Hand.

Dem zunehmenden Selbstbewusstsein des aufstrebenden Beamten- und Bürgertums sowie der zahlreichen Handwerker ist der Umstand geschuldet, dass man zur Zeit des Biedermeier begonnen hat, sich Amts- und Berufstitel, im Fall der kleinen Leute schlicht Berufsbezeichnungen, auf die Grabsteine meißeln zu lassen. Solcherart wollte man außerdem zumindest im Tod die gesellschaftliche Distanz zum Adel verringern.

Titulaturen sind jedoch nicht allein Ausdruck eines (unterdrückten) Selbstbewusstseins, sondern bieten durch ihre Einordenbarkeit in Hierarchien auch Orientierung und Rückhalt. Denn was ist der Tod anderes als die endgültige und unwiderrufliche Beendigung von Ordnung?

„Hier hatte sich jemand auf die endgültige Unordnung vorbereitet, auf das große Nichts […] auf den Tod", schreibt Sándor Márai in seinem Roman „Die Schwester" und bringt damit zum Ausdruck, dass ein Teil des Schreckens des Todes das Nichts ist, in das er das Leben verwandelt und das die Ordnung der Überlebenden stört. Kierkegaard sagt dazu: „Welche Wirkung hat Nichts? Es gebiert die Angst." Und Alfred Goubran erweitert in seiner Essaysammlung „Der gelernte Österreicher" die Dimension dieses Schreckens um den Aspekt des Verlusts der Individualität: „Denn der Verlust, den wir empfinden, bezieht sich auch auf die Möglichkeit *zum Eigenen* und Unverwechselbaren, die erst durch den Tod zur Unmöglichkeit wird. Nur der Tod macht uns alle gleich." Eine extreme Form des angesichts des Todes geführten Kampfes um die postume Bewahrung der eigenen, durch die Verbindung von Namen und Berufsbezeichnung definierten Individualität, begegnet uns in

Doderers „Dämonen". Dort unterzeichnet eine junge Frau jene Notiz, auf der sie der Nachwelt ihren Mörder nennt, mit den Worten „Martha Plankl, Prostituierte" und „diese Angabe [von Stand und Charakter] war hier sozusagen das Äußerste, was an der Schwelle der Ewigkeit noch hatte geleistet werden können". In Umkehrung von Doderers Diktum stellen die Titel der Toten demnach ein Diesseits im Jenseits dar.

Bedauerlicherweise geht der Zeitgeist unter dem Eindruck der allgemeinen Nivellierung sowie knapper werdender Geld- und Zeitressourcen in Belangen der Beisetzung weg von der schönen Leich' und hin zu Wald- und Feuerbestattung sowie zur Weglassung von Titeln und Berufsbezeichnungen auf Grabsteinen und Gedenktafeln; ein Umstand, der sich in der zunehmenden Konformität und Trostlosigkeit moderner Friedhöfe manifestiert.

Die Verfasser des vorliegenden Buches haben daher den Versuch unternommen, die imposantesten Titel und die ungewöhnlichsten Berufsbezeichnungen mit Bildern von berührenden Grabinschriften und stimmungsvollen Friedhofambientes aufzuzeichnen. Es ist uns wichtig darauf hinzuweisen, dass wir keinesfalls eine Verunglimpfung oder Herabwürdigung der Verstorbenen und ihrer (mutmaßlichen) Biografien beabsichtigt haben, sondern ihnen im Gegenteil ein ehrendes Andenken ermöglichen und bewahren wollen.

Johann Roos (gest. 1909), *Armenrat*, Friedhof Hernals

FRÜHE FORMEN DER FÜRSORGE

Armenräte & Hauptfürsorgerinnen

Johann Roos war, so verkündet es die Inschrift auf seinem Grabstein, Bürger, Hausbesitzer und *Armenrat.* Er verstarb am 6. Mai 1909 im 59. Lebensjahr und wurde in der Gruft der Familie Peyer am Friedhof von Hernals bestattet.

Die Armenräte waren jene Männer, die in der Zeit zwischen dem Biedermeier und dem Ende der Donaumonarchie in definierten Sprengeln für die Betreuung der Armen, die Verteilung von Spenden und die Ausstellung von Armutszeugnissen verantwortlich waren. Noch heute ist die Wendung „jemandem ein Armutszeugnis ausstellen" – wenn auch in einem gänzlich anderen und meist despektierlichen Zusammenhang – geläufig. In der Zeit vor der Etablierung der Sozialversicherungen durch Julius Tandler, Ferdinand Hanusch und andere waren diese Armutszeugnisse beispielsweise in Schulen oder Krankenhäusern vorzuweisen. In der Ersten Republik wurde für die Armenräte die weniger abschätzige Bezeichnung *Fürsorgerat* eingeführt.

Am Beispiel des Johann Roos lässt sich der Zusammenhang aufzeigen zwischen dem Privileg, sich „Bürger" einer Stadt nennen zu dürfen, was nicht unwesentlich mit dem Nachweis von entsprechendem Besitz (hier konkret durch den stolzen Zusatz „Hausbesitzer" der Nachwelt mitgeteilt) und Einkommen vergesellschaftet war, und der sich davon im besten Fall ableitenden Verantwortung für die Minderprivilegierten.

Die Wienbibliothek hat in ihren Beständen eine Zeitungsnotiz vom März 1918, die von einer Auszeichnung eines Armenrates aus Wien-Landstraße berichtet und aus der hervorgeht, dass die Armenräte nicht notwendigerweise vermögende Großbürger sein mussten: „Der im dritten Bezirk wohnhafte Beamte der städtischen Bestattung und Armenrat Herr Bernhard Fohmann, der seit Kriegsbeginn im Felde steht, wurde zum vierten Mal und zwar mit der silbernen Tapferkeitsmedaille ausgezeichnet. Herr Fohmann ist ein Sohn des Gebäudeinspektors der Südbahn, Oberinspektor Bernhard Fohmann."

Der Armenrat – also das für die Betreuung der Armen zuständige Gremium – arbeitete unentgeltlich und setzte sich aus dem Bürgermeister, dem Ortspfarrer und den *Armenräten* oder auch *Armenvätern* zusammen. Voraussetzung für einen Anspruch auf „ungestörten Aufenthalt" und Armenunterstützung im Notfall war gemäß dem Heimatrechtsgesetz von 1849 das Heimatrecht, das durch die Vergabe des „Heimatscheins" von der zuständigen Gemeinde beurkundet wurde.

Der Denkschrift „Wiens Tage der Gefahr und Retter in der Not – Eine authentische Beschreibung der unerhörten Überschwemmung Wiens" von Dr. Franz Sartori kann man entnehmen, dass im Jahr 1830 in manchen Bezirken eine erfreulich hohe Dichte von k. k. Armenvätern geherrscht haben dürfte: Allein am Himmelpfortgrund werden vier, im Lichtental drei Armenväter namentlich genannt, die sich „sämtlich bei den verschiedenen Verteilungen sehr tätig und eifrig benommen, und auch bei der Schadenerhebungs-Kommission mit manchen Aufopferungen verwenden [haben] lassen, und überhaupt durch beispiellose Nächstenliebe Ansprüche auf Anerkennung erworben [haben]“.

Fanden sich bis zum Ende der Donaumonarchie im Bereich dessen, was später Sozialarbeit heißen sollte, meist die Berufsbezeichnungen von Männern auf Grabsteinen (Armenrat, Armenvater, Pfleger), scheint sich dieses Phänomen ab der Zwischenkriegszeit ins Gegenteil gekehrt zu haben. Während Frauen dieselben Tätigkeiten seit jeher ebenso unbezahlt wie unbetitelt verrichtet hatten (und auch heute noch oft in dieser Form verrichten), war die Entstehung des Berufs der *Fürsorgerin* ein Beleg für die nun auch im Sozialbereich einsetzende Emanzipation der Frauen. Dieser Beruf war einer der ersten qualifizierten Frauenberufe im urbanen Bereich, den meist Töchter aus (groß-) bürgerlichem Milieu ausübten.

Zeugnis dessen sind die Gräber der *Hauptfürsorgerin* Eva Schwenzner am Friedhof von Hietzing und der *städtischen Hauptfürsorgerin* Cornelia Ehrmann (Gersthofer Friedhof). Das Schicksal ersterer ist möglicherweise ein tragisches gewesen. Jedenfalls legen ihre Lebensdaten diese Vermutung nahe: Eva Schwenzner wurde am 3. April 1914 geboren und verstarb am 30. Mai 1939, also im 26. Lebensjahr.

Eine andere (ebenfalls?) jüdische Fürsorgerin, Bertha Pappenheim, geboren am 27. Februar 1859 in Wien, ging als „Anna O.“ in die Annalen der Psychoanalyse ein. Als sie 1880 ihren kranken Vater pflegte, flüchtete sie immer wieder in Tagträume und entwickelte schließlich eine Hysterie.

Eva Schwenzner (1914–1939), *Hauptfürsorgerin*, Friedhof Hietzing

Der Wiener Arzt Josef Breuer behandelte Pappenheim und entwickelte gemeinsam mit der Patientin ein „kathartisches Verfahren“, eine Art „Sprach-Kur“, in deren Verlauf lange aufgestaute Emotionen zu Tage gefördert und Affekte abreagiert wurden, was zu einer schrittweisen Besserung der Symptome führte. Breuer publizierte 1893 Pappenheims Fall gemeinsam mit Sigmund Freud. Als Auslöser ihrer Erkrankung vermutete man ihren orthodox-jüdischen Familienhintergrund, der der überdurchschnittlich begabten jungen Frau eine höhere Bildung zunächst verwehrt hatte. Nach dem erfolgreichen Abschluss ihrer Behandlung, die nicht unwesentlich zur Entwicklung der Psychoanalyse beigetragen hatte, emanzipierte sich Bertha Pappenheim von ihrem orthodoxen Familienhintergrund und schlug eine Karriere als Fürsorgerin und Autorin ein.

Der Diplomarbeit von Beatrix Steinhardt an der Universität Wien mit dem Titel „Franzi Löw – eine jüdische Fürsorgerin im nationalsozialistischen Wien, unter besonderer Berücksichtigung der NS-Zeit" kann man Details aus dem Berufsalltag der Fürsorgerinnen entnehmen: „Nachdem sich Franzi Löw in der Nacht vom 11. November 1938 [also am Tag nach den Novemberpogromen; Anm.] in die Zentrale der Kultusgemeinde gemeldet hatte, arbeitete sie in verschiedenen Bereichen der Jugend- und Erwachsenenfürsorge. Der ihr übertragene Arbeitssprengel umfasste die Wiener Bezirke 1 bis 21, zusätzlich wurde ihr die Aufsicht der jüdischen Kinderheime übertragen. Weiters war sie namentlich als Vormund für 200 außereheliche jüdische Kinder nominiert. Für 20 jüdische entmündigte (aufgrund von geistiger Behinderung) Klienten wurde sie als Kuratorin bestellt. Ein weiterer Aufgabenbereich war ihre Mitarbeit bei der Organisation der Kinderauswanderungen. Nach der ‚Kristallnacht' war sie zusätzlich mit der Aufgabe der Betreuung von verschleppten Menschen in den Gefängnissen und in den KZs betraut.

All diese Tätigkeiten mussten dokumentiert werden, und so zählte die Administration zu einem wichtigen Bereich ihrer Arbeit. Franzi Löw arbeitete mit sogenannten ‚Handkarteien', die alle während der Kriegsjahre in Verlust gerieten. In diese Handkarteien trug Löw die wichtigsten Daten der Klienten ein, alles, was ihr wichtig und relevant erschien, wurde hier vermerkt. Zweck der Handkartei war es unter anderem, diese später den Betroffenen oder deren Familienmitgliedern zu übergeben.

Der berufliche Alltag von Franzi Löw sah wie folgt aus: Am Vormittag herrschte Parteienverkehr. Dieser diente der ‚Laufkundschaft', die Menschen hatten die Möglichkeit, ihre Anliegen persönlich vorzubringen und direkt in der IKG [Israelitischen Kultusgemeinde; Anm.] um Hilfe zu bitten. Franzi Löws Aufgabe war die Überprüfung der momentanen Lebenssituation der hilfesuchenden Menschen. Im Bereich ihrer Möglichkeiten (Ressourcen der IKG) erfolgte die Hilfestellung – abhängig von der individuellen Lebenssituation – oft in Form von Geldaushilfen, Organisation von Kinderbetreuung etc. Am Nachmittag absolvierte sie Hausbesuche. Diese dienten dazu, Familien vor Ort aufzusuchen und so die Lebensumstände der Menschen zu kontrollieren bzw. die Lebenswelt der Befürsorgten kennenzulernen oder weil es den Klienten nicht möglich war, persönlich in der IKG vorzusprechen. In den frühen Abendstunden besuchte sie die jüdischen Kinderheime und unterstützte das Personal bei der Betreuung der Kinder (beim Abendessen, Waschen etc.). Zusätzlich war sie mit der Betreuung der verhafteten und verschleppten Personen in Wiener Gefängnissen (Rossauer Lände im 9. Bezirk) und Konzentrationslagern (Dachau) beauftragt, aber auch mit der Angehörigenbetreuung der Inhaftierten. Ein durchschnittlicher Arbeitstag begann gegen 6.00 Uhr früh – in manchen Fällen auch um 5.00 Uhr – und endete gegen 23.30 Uhr. Franzi Löw arbeitete täglich, das heißt ohne Wochenenden.

‚… Sie müssen wissen, ich bin um 5.00 Uhr in der Früh aufgestanden und bin um 12.00 Uhr Nacht nach Hause gekommen. Also da hat man keine Freizeit, da hat man keine Möglichkeit …'"

Margarethe Breunlich (1903–1993), *Direktorin der Wiener Fürsorgeschule*, und ihr Ehemann Dr. Franz Breunlich

(1887–1945), *Leiter des Wiener Jugendhilfswerkes*, stellten weitere Vertreter des Sozialbereichs im Wien der Zwischenkriegszeit dar. Franz Breunlich publizierte bereits 1918 eine „Geschichte der österreichischen Jugendfürsorge" und 1936 das erschütternde Buch „Kinder ohne Bett: So schlafen Großstadtkinder". Gemeinsam mit Julius Tandler trat er für die Schaffung eines Jugendwohlfahrtsgesetzes ein.

Karl Meißner (gest. 1916), *Chemi(e)graf*, Friedhof Hernals

DER GRAF UND DIE CHEMIE

Über Ätzer, Sänger und Jedermänner

Als ich die Inschrift „Chemiegraf" auf dem Grabstein des Karl Meißner am Friedhof von Hernals das erste Mal sah, dachte ich zunächst, dass der Steinmetz hier einen Bindestrich vergessen hätte und es richtigerweise „Chemie-Graf" heißen müsste – in Analogie beispielsweise zum „Salz-Baron". Bei genauerer Betrachtung des Grabsteins bemerkte ich allerdings, dass keiner der Familienangehörigen einen Adelstitel trug. Weiters fiel mir auf, dass die offenbar bürgerlichen Eltern Meißner alle ihre drei Söhne in jungen Jahren verloren hatten. Hans, der mittlere, war bereits im Juni 1901 im Alter von 15 Jahren gestorben. Karl, der Chemiegraf und Älteste von ihnen, starb im Jänner 1916 in Cholm, Russland, „den Heldentod für's Vaterland", und am 21. August 1917 schließlich fiel der jüngste Sohn Franz, städtischer Lehrer und Kadetten-Aspirant, bei Fokşani in Rumänien.

Doch zurück zum vermeintlichen „Chemie-Grafen": Entsprechende Recherchen ergaben bald, dass sich der Steinmetz tatsächlich geirrt hat, wenn auch auf andere Weise als vermutet. Die korrekte Berufsbezeichnung lautet nämlich *Chemigraf* oder auch *Chemigraph* und es handelt oder besser handelte sich dabei um einen Fachberuf aus dem grafischen Bereich. Erstmals definiert wurde die Ausbildung zum und die Aufgaben des Chemigrafen im Jahr 1934. Interessanterweise kennt man nicht nur die Geburts-, sondern auch die Todesstunde dieses Berufs, nämlich das Jahr 1998. Das liegt daran, dass in diesem Jahr die „Arbeits-

Familie
Meißner
Hans Meißner
Karl Meißner Chemiegraf
Franz Meißner städt. Lehrer
Kad. Asp. Sch. R. I. gefallen bei Foksani Rumänien
am 21. August 1917, im 27. Lebensjahre.
Auguste Meißner
Kaspar Meißner
Katharina Meißner
gestorben am 1. Februar 1981, im 90. Lebensjahre.

agentur über die Zusammenfassung der Berufe“ den Beruf des Chemigrafen mit jenen der *Stereotypeure* und *Galvanoplastiker* fusioniert und mit der nicht minder inspirierenden Bezeichnung *Flexograf* versehen hat.

Der einschlägigen Fachliteratur kann man entnehmen, dass die ursprüngliche Lehrberufsbezeichnung *Klischeeätzer* lautete, die Tätigkeit des Chemigrafen allerdings zusätzlich auch die Arbeit des *Nachschneiders* und *Andruckers* umfasste. „... Chemigrafen, die ausschließlich ungerasterte Klischees herstellten, nannte man *Strichätzer*, Ätzer von Bildern (gerasterte Halbtonvorlagen) wurden als *Autotypie-Ätzer* bezeichnet. Die Aufgabe des Chemigrafen bestand darin, die vom Reproduktionsfotografen gelieferten Filme oder Farbauszüge für Mehrfarbdruck fototechnisch auf präparierte Zink-, Kupfer- oder Magnesiumplatten zu übertragen und aus ihnen die nicht zu druckenden Teile herauszuätzen. Das Endprodukt bezeichnete man als Klischee, das als Druckstock im Hochdruckverfahren verwendet wurde. Der Buchdruck (Hochdruck) kommt heute kaum mehr zum Einsatz, daher existiert das Berufsbild nicht mehr. Nur in der Druckveredelung spielt die Chemigraphie noch zur Herstellung von Prägeklischees für Blindprägungen oder Lederprägungen eine Rolle.“

Ein Zeitgenosse und Berufskollege von Karl Meißner war der am 13. Juni 1838 in Wien geborene und ebendort am 14. Februar 1916 verstorbene Carl Angerer, dessen Grab sich am Döblinger Friedhof finden lässt.

Als gelernter Buchdrucker war Angerer ab 1856 in der Hof- und Staatsdruckerei, ab 1859 als Zeichner, Lithograf und Kupferstecher beim Militärgeographischen Institut in

Wien tätig. Im Jahr 1871 gründete er eine „Chemigraphisch-artistische Anstalt", in die 1874 sein Schwager Alexander Göschl (1848–1900) eintrat (C. Angerer & Göschl). In seinem Beruf dürfte Carl Angerer außerordentlich innovativ gewesen sein. Er erfand eine eigene Zinkätzmethode („Wiener Ätzmethode") und wirkte revolutionär auf den Gebieten der Buchillustration und der Autotypie, die er 1882 gemeinsam mit Georg Meisenbach erfunden hatte. Im Jahr 1877 mietete er ein Fotoatelier und bezog ab nun die Fotografie in die Reproduktionstechniken ein. Der Betrieb setzte im Lauf der Jahre nahezu alle fotografischen Drucktechniken in die Praxis um, entwickelte neue Verfahren und präsentierte sich auf zahlreichen in- und ausländischen Messen und Ausstellungen. Bereits in frühen Jahren waren Carl Angerer und Alexander Göschl insbesondere auf dem Gebiet des autotypischen Bilddruckes in Europa marktbeherrschend. Für ihre Verdienste wurden die Inhaber 1908 zu k. k. Hof-Chemigraphen ernannt. 1911 avancierte Carl Angerer zum Kaiserlichen Rat. Vier Jahre vor Ausbruch des Ersten Weltkrieges beschäftigte das Unternehmen 250 Mitarbeiter.

Nach dem Tod Carl Angerers übernahm 1916 sein Sohn Alexander C. Angerer (1869–1950) die Firma. Nach dem Ersten Weltkrieg wurden Filialen im Ausland eröffnet. Gemeinsam mit dem Verlag Ed. Hölzel & Co. und der Wiener Kunstdruck-Gesellschaft erwarb das Unternehmen um 1920 das Patent für das Farbverfahren Uvachrome für die Länder Österreich, Ungarn, Jugoslawien und Rumänien. Am 31. März 1983 wurde der Konkurs des Unternehmens beantragt.

Zwei bekannte Künstler unserer Tage haben ursprünglich eine Ausbildung zum Chemigrafen absolviert: Der deutsche Sänger Peter Maffay und der österreichische Kammerschauspieler, ehemalige Direktor des Theaters in der Josefstadt und „Jedermann"-Darsteller Helmuth Lohner.

Wenzel Nikolaus Ignaz Prohaska (1793–1862), *Gerichtssequester*, Friedhof St. Marx

JUSTITIAS JÜNGER

Von Gerichtssequestern und anderen (vermeintlichen) Juristen

Herr Wenzel Nikolaus Ignaz Prohaska wurde am 6. Dezember 1793 geboren und verstarb am 10. Jänner 1862. Sein Leichnam wurde am Friedhof von St. Marx beigesetzt. Zeitlebens war er, wie die Inschrift auf dem von seinem Sohn in Auftrag gegebenen Grabstein die Nachwelt wissen lässt, neben seiner Rolle als Hausbesitzer für die Justiz als Gerichtssequester tätig.

Bei dem Terminus „Sequester“ denkt der Mediziner an ein Stück Gewebe, das abgestorben ist und sich von seiner Umgebung abgegrenzt hat, wie es beispielsweise im Zuge einer Knochenmarksentzündung gelegentlich vorkommt. Solche Gewebestücke können die Wundheilung behindern und müssen chirurgisch entfernt werden.

Im Zusammenhang mit der Jurisprudenz ist diese Assoziation allerdings irreführend. Nach Auskunft des Instituts für Rechtsgeschichte der Universität Wien sagt der § 968 ABGB in der Stammfassung von 1811/12, die zeitgenössisch unverändert galt, zur „Sequestration“ Folgendes: „Wird eine in Anspruch genommene Sache von den streitenden Parteien oder vom Gerichte jemandem in Verwahrung gegeben, so heißt der Verwahrer Sequester.“ Es handelt sich also um eine Person, die gerichtlich mit der Verwahrung streitverfangener Sachen betraut wurde.

Eine zunächst unliebsame Bekanntschaft mit einem Sequester hat der Sektionsrat Geyrenhoff, dessen Chronik als Grundlage für Heimito von Doderers Roman „Die Dämonen" diente, in den Jahren des Ersten Weltkrieges gemacht. Seine in England deponierten Anteilscheine an amerikanischen Stahlwerken waren bei Ausbruch des Krieges sequestriert und erst 1926 wieder freigegeben worden: „Hinzu kam, daß während des Jahres 1926 meine Vermögensverhältnisse sich von Grund auf verändert hatten. Diese Änderung hing mit der Freigabe der im Krieg beschlagnahmten oder, wie man auch sagte, ‚sequestrierten' Wertpapiere und Bankguthaben österreichischer Staatsbürger in England zusammen. Ich hatte drüben Anteilscheine an pennsylvanischen Stahlwerken liegen gehabt. Der Sequester verwandelte diese Papiere 1914 in englische Kriegsanleihe. Früher hatte der so in vorläufigen Verlust gekommene Teil meines väterlichen Erbes innerhalb dessen eine überragende Stellung nicht eben eingenommen. Nun aber, freigeworden, und nach einem langwierigen Verfahren und großen [...] Kursverlusten wieder für mich verfügbar, erwies dieses einzig wertbeständige Bruchstück meines einstmaligen Vermögens sich doch als gar sehr ins Gewicht fallend. Denn alles übrige war mit den alten Währungen zerronnen."

Bei dieser von Doderer geschilderten Art der Sequestration handelte es sich insofern um einen Sonderfall, als hier das Vermögen des ausländischen Staatsbürgers Geyrenhoff für (mindestens) die Dauer des Krieges sequestriert oder zwangsverwaltet wurde. Der Krieg zwischen Staaten wirkte sich also auf die privaten Vermögensverhältnisse des Einzelnen aus. Im Falle des Sektionsrates war die Auswirkung eine überaus günstige, weil der englische Sequester mit seinem Vermögen englische Kriegsanleihen gezeichnet hatte, die nach dem Sieg der Briten massiv an Wert gewonnen hatten. Diesem Umstand verdankte Dr. Geyrenhoff – den akademischen Titel ließ er meist weg, er war nicht einmal auf seiner Visitenkarte vermerkt, weil sich ein Doktorat möglicherweise negativ auf seine Beamtenkarriere hätte auswirken können – die Möglichkeit, sich in die „Pensionierung" zu begeben und solcherart als Privatier die erwähnte Chronik zu beginnen.

Doderer zitiert an anderer Stelle die diesbezüglichen gesetzlichen Grundlagen wie folgt: „Bei alledem lag ein österreichisches Gesetz vom Jahre 1921 zugrunde, das seinerseits auf den Artikeln 248 und 249 des Staatsvertrages von St. Germain beruht […] es hat sich zum Glück ein Grazer Rechtsgelehrter gefunden, Herr Doktor Kronegger […], der den Text kommentiert […] hat: ‚[…] England hat für den Clearing nach Artikel 248 des Staatsvertrages von St. Germain optiert […] Die Privatschuldner und -gläubiger werden somit Schuldner und Gläubiger des Staates, welchem sie angehören' […]."

Weiter zurück, nämlich in die Zeit des Wenzel Nikolaus Ignaz Prohaska aus Wien, datiert eine Verlautbarung des Gerichtssequesters und Kalkulators Deichmann im „Hallischen patriotischen Wochenblatt auf das Jahr 1835": „Zu vermieten sind von mir als Gerichtssequester, auf Antrag der Erben des Herrn Stadtrat Merckell hier, in deren auf der Strohhofspitze unter Nr. 2110, belegenen Hause und Zubehör: 1) eine Stube mit Kammer, Kamin und Feuerwerksgelaß, 2) eine dergleichen Wohnung, 3) noch eine dergleichen. Nähere Auskunft u.s.w. erteile ich, auch Herr Fabrikant Merckell."

Alois Hänisch (gest. 1839), *Stadtsequester*, Friedhof St. Marx

Mit dem *Stadtsequester* Alois Hänisch (und gew. Bürgerlicher Kaffeehausinhaber, Mitglied des äußeren Rathes, k. k. Armenbezirksdirector) hat der St. Marxer Friedhof einen weiteren Sequester aufzuweisen. Der Stadtsequester war ein für den Magistrat, der bis etwa 1848 die städtische Gerichtsbarkeit ausübte, tätiger Verwahrer oder Kurator in strittigen Rechtsfragen.

Der *k. k. nö. Appellations-Accesist* Anton Burkowsky hat seine letzte Ruhe ebenfalls am St. Marxer Friedhof gefunden, er verstarb 1892. Das niederösterreichische Appellationsgericht war der Vorläufer des Oberlandesgerichts Wien, das dessen Agenden ab dem 1. Juli 1850 übernahm. Als Accesisten bezeichnete man niedere Beamte, die sich im Regelfall in der Diätenklasse 12 befanden. Sie rangierten so unterhalb der *Kanzlisten* und nur knapp oberhalb der *Thürhüter* und *Amtsdiener*, deren Aufgaben hauptsächlich im Aktentragen und Ofenheizen bestanden.

Anton Burkowsky (gest. 1892), *k. k. nö. Appellations-Accesist*, Friedhof St. Marx

Lange hat es gedauert, bis ich herausgefunden habe, welchem Beruf der ebenfalls in St. Marx bestattete Josef Braun nachgegangen ist. Denn das, was von der Inschrift auf seinem Grabstein nach einer offensichtlichen Renovierung heute übrig geblieben ist, gab anfangs ein schier unlösbares

Rätsel auf: „k. k. Hofrien" stand da in roten Lettern zwischen seinem Namen und seinem Sterbedatum zu lesen. Weder das World Wide Web noch die sonst stets bestens informierten Experten der Österreichischen Nationalbibliothek konnten Hinweise liefern. Erst als ich ein Foto der Braun'schen Ruhestätte auf Facebook veröffentlichte, machte mich ein aufmerksamer und als gelernter Epigrafiker (übrigens auch eine bemerkenswerte Berufsbezeichnung) 15 Jahre lang für die Akademie der Wissenschaften als Sammler von Inschriften tätig gewesener User darauf aufmerksam, dass die Zeile mit der Berufsbezeichnung im Gegensatz zu allen andern nicht zentriert, sondern etwas nach links gerückt zu sein scheint. Dies lege den Verdacht nahe, so der Schriftexperte, dass bei der Renovierung der Lettern, die den Beruf des Verstorbenen angeben, am rechten Ende drei Buchstaben vergessen worden seien. So etwas geschehe nach seiner Erfahrung immer wieder, weil durch das Abschleifen des Steins vorher auch schon kaum mehr erkennbare Vertiefungen gänzlich getilgt würden. Wenn dem so wäre, folgerte der Experte weiter, dann sei das „e" richtigerweise ein „c" und das „n" ein „h" gewesen und Herr Braun eben kein Hof-Nichts („Hofrien"), sondern ein Hof-Jurist („Hofrichter") gewesen. Das wäre zwar immerhin theoretisch möglich, aber praktisch unrealistisch, weil das Amt des Hofrichters nur bis ins ausgehende Mittelalter hinein existierte.

Die tatsächliche Lösung des Rätsels verdanke ich just einem Juristen und dem Umstand, dass in unserem kleinen fantastischen Land eben alles mit allem irgendwie zusammenhängt: Der stellvertretende Vorstand des Instituts für

Rechtsgeschichte der Universität Wien, Universitätsprofessor Dr. Gerald Kohl, den ich um seine Expertise bat, erzählte mir schon bei meinem ersten Anruf im Institut spontan von jenem Grabstein am St. Marxer Friedhof. Er kenne ihn aus Berichten seines mittlerweile verstorbenen Vaters, der dort selbst vor gut 15 Jahren Recherchen unternommen und herausgefunden hatte, dass die ursprüngliche Inschrift und damit die Berufsbezeichnung von Herrn Braun wohl Hofriemer gelautet haben dürfte.

Ich habe mich daraufhin nochmals an Ort und Stelle begeben und diese Vermutung bei genauerer Untersuchung des Steins bestätigt gefunden.

Josef Braun (gest.1866), *Hofriemer*, Friedhof St. Marx

WEDER EIN NICHTS NOCH EIN RICHTER

Von Riemern, Sattlern & Täschnern

Die endgültige Bestätigung der Vermutung, dass Herr Braun von Beruf weder *Hofrien* noch *Hofrichter*, sondern *Hofriemer* war, ergibt sich aus der Zunftliste der Wiener Riemermeister, veröffentlicht im „Adreß-Buch der ehrsamen Handwerks-Innungen in […] Wien für das Jahr 1827“ von Franz Rittler.

Betreffend die Arbeitsbereiche von Herrn Braun und seinen Kollegen liest man in Krünitz' „Oekonomischer Encylopädie“ unter dem Eintrag „Riemer“: „… Ein Handwerker, welcher nicht nur lederne Riemen verfertigt, sondern auch andere Geräthschaften aus solchen Riemen zusammensetzt, daher die Wagen- und Pferdegeschirre, Zäume etc. die vornehmste Arbeit der Riemer sind …“

Offenkundig gab es im 19. Jahrhundert in der Leder verarbeitenden Branche verschiedentlich Unschärfen betreffend die Aufgaben der einzelnen Handwerkergruppen, mit daraus sich ergebenden Eifersüchteleien, wie wir ebenfalls bei Krünitz erfahren können:

„Die Riemer, Sattler und Täschner haben mehrentheils einerley Werkzeuge, und arbeiten mit einerley Handgriffen. Der Unterschied beruhet bloß darauf, daß die Professionisten der einen Zunft sich von ihren Lehrjahren an durch die Uebung eine Fertigkeit erwerben, manche Lederarbeiten mit mehrerer Geschicklichkeit zu verfertigen, als die Professionisten des andern Gewerks. Der Sattler verfertigt in

Berlin alle Riemerarbeiten, und er macht überdem noch Sattel, und beschlägt Kutschen. Doch versuchen es auch jetzt schon einige Riemer, gleichfalls Kutschen zu Stande zu bringen, nur die Verfertigung eines geschickten Sattels will ihnen noch nicht glücken. Dagegen versichern die Riemer, daß sie die Zäume und Pferdegeschirre mit mehrerer Geschicklichkeit verfertigen, welches ihnen aber die Sattler nicht einräumen wollen. Mit der Verfertigung der Zäume und Pferdegeschirre nebst einigen weniger beträchtlichen Lederarbeiten beschäftigen sich die Riemer die mehreste Zeit. Der Täschner überzieht Koffer, er macht Felleisen, mit Leder überzogene Stühle und einige andere ähnliche Dinge. Man kann daher mit Recht sagen, daß diese drey Professionisten im Grunde betrachtet einerley sind, wie denn auch insbesondere der Sattler alle Lederarbeiten dieser drey Professionisten verfertigen kann, und wirklich verfertigt, wenn es in einer Stadt an einem Riemer, oder an einem Täschner, oder an beyden fehlet. Es wäre daher nicht schwer, diese Professionisten zu einer einzigen Zunft zu vereinigen, und hiedurch den alten Brot- und Professionsneid aufzuheben, der jederzeit unter verwandten Professionen herrscht. In Schweden duldet man auch bereits nur allein den Sattler. Wir reden daher von diesen drey Professionisten in einem einzigen Abschnitt, und führen gelegentlich die geringen Abweichungen an. Es verfertigen aber diese drey Professionisten alle Lederarbeiten, die Schuh und die mehrsten Kleidungsstücke ausgenommen."

Im vormärzlichen Wien des Josef Braun befand sich laut Rittler'schem Adressbuch die „Herberge" der Innung, „in der Stadt, Blutgassel, im Adler". Das bereits 1341 zum ersten

Mal urkundlich erwähnte „Riemhaus" lag am Hohen Markt 10, damals Konskriptionsnummer 521. Die Lehrzeit für Riemer betrug vier bis fünf Jahre und im Jahr 1827 war Herr Georg Gärtner, wohnhaft in Leopoldstadt, Taborstraße 335, der „Erste Vorsteher", sein Stellvertreter, der „Zweite Vorsteher", hieß Johann Fränzel und hatte seine Wohnung in der „Stadt, Rauhensteingasse, im kleinen Kaiserhause, Nr. 934 (heute Hausnummer 8), und somit in jenem Haus, in dem Mozart etwa 35 Jahre zuvor verstorben war.

Zurück zu Krünitz. Wer sich im Detail über die Besonderheiten der Tätigkeiten der Riemer informieren will, wird in seiner Enzyklopädie bestens bedient:

„Es wird nöthig seyn, vorläufig einige Nachrichten von dem Leder, welches diese Professionisten verarbeiten, zu ertheilen, desgleichen von einigen andern Dingen.

1) Einige Stücke des Sattelzeuges, der äußere lederne Ueberzug der Kutschen und Chaisen, das Pferdegeschirr und verschiedene andere Dinge werden aus platt- oder krausblankem holländischem Leder verfertigt, wovon so wie von den übrigen Lederarten im Art. Leder die Rede gewesen ist.
2) Verschiedene Sachen werden aus Alaunleder gemacht. Seiner Haltbarkeit wegen wird dieses Leder nicht nur einfach zu Riemen genommen, die stark halten müssen, sondern auch in die Mitte doppelter Riemen, da es denn nur zur Zierde mit holländischem Leder verkleidet wird. Das weiße Alaunleder läßt sich zwar nicht mit Eisenschwärze schwarz färben, aber wohl mit Spänen von Brasilienholz nebst Alaun im Wasser gekocht. Das braune Alaunleder läßt sich gleichfalls, wie nur gedacht,

mit Brasilienholzspänen blau färben, es nimmt aber auch die Eisenschwärze an, aber nur alsdann, wenn vorher mit der vorhergedachten Farbe von Brasilienholz gegründet ist. Es wird dieses braune Alaunleder wie gewöhnliches schwarzes Fahlleder verbraucht.

3) Das gewöhnliche braune oder auch schwarzgefärbte Fahlleder nimmt der Sattler zu den schlechten Satteln. Ist der Sattel aber schon von besserer Art, so wählt er statt dessen das gelbe lohgare Leder.
4) Insbesondere zu dem Sitz der bessern Sattel nimmt der Sattler sämischgares Leder, und überhaupt auch wohl zum ganzen Ueberzug des Sattels Saffian …"

Allgemein herrschte die Ansicht, dass die Riemer im Vergleich zu den Sattlern, Schustern und Taschnern zu den unteren Kasten der mit Leder beschäftigten Berufsgruppen gehörten. Der deutsche Schriftsteller Theodor Körner (nicht zu verwechseln mit dem österreichischen General und späteren Bundespräsidenten gleichen Namens) beschrieb einige Monate vor seinem Tod im Jahr 1813 in einem Brief an Henriette Baronin von Pereira-Arnstein die Lebensumstände eines Riemermeisters: „Ich bin beim Riemermeister Schindler in der schönen Stadt Zobten einquartiert. Die ganze Wohnung des rechtschaffenen Mannes besteht aus einer kleinen Stube. Wie wir des Tages fertig werden und Platz haben, wäre zu schwer zu beschreiben; lassen Sie sich aber ein Nachtstück zeichnen. Obenan am Fenster liegt der Meister, neben ihm auf zwei Stühlen sein vierter Erbe. An sein Bett stößt das der Frau Meisterin, die die Wiege mit dem fünften Erben zur Seite schaukelt. Darauf kommt die Türe; dann liegt der Poet auf einer Streu zwischen dieser schlecht verschlossenen Tür und einem glühenden Ofen. Zu seinem Haupte, in der sogenannten Hölle, der dritte Erbe, neben diesem im rechten Winkel die beiden ältesten Kinder, Nr. 1 und 2, in einem großen Verschlag; den Zug schließt der Geselle, ebenfalls auf einer Streu, mit den Füßen am zweiten Fenster, so daß ein schnarchendes Hufeisen von Schlummernden gebildet wird."[1]

Der für die Entwicklung der europäischen Philosophie wichtigste Vertreter der Gilde der Riemermeister war wahrscheinlich Johann Georg Kant, denn er war außerdem der Vater von Immanuel Kant.

In Wien war bis zur letzten Jahrtausendwende die Riemergasse (die Bezeichnung „Unter den Riemern" lässt sich bereits 1482 nachweisen), deren Name allerdings möglicherweise auf eine Verballhornung von „Römergasse" zurückzuführen ist, eine in Wirtschaftskreisen meist negativ konnotierte Adresse, befand sich dort im Haus mit der Nummer 7 das Handelsgericht, bei dem Firmenpleiten zu melden waren. Zwischenzeitlich hat eine internationale Hotelkette das Objekt erworben, um ein Nobelhotel samt exklusiven Dachgeschoßwohnungen zu errichten.

Andreas Hengesser (gest. 1816), *bürgerlicher Gradelträger*, Friedhof St. Marx

SCHUSTER IM FISCHGRÄT

Der bürgerliche Gradelträger

Die Tätigkeit des *bürgerlichen Gradelträgers* mit der Adresse „in der Stadt No. 519" konnte ich trotz Konsultation der fünften Auflage von Meyers Konversationslexikon von 1895 und anderer Nachschlagewerke jüngeren Datums zunächst nicht ergründen. Unter dem Stichwort „Gradel" findet sich lediglich der Vermerk, dass es sich dabei um „bunt gestreifte Halbdrelle oder Körperleinen" handle. Im Duden gibt es einen Eintrag, wonach der Gradel einerseits „ein besonders für Arbeitskleidung, Säcke o. Ä. verwendetes festes Gewebe aus Leinen und Wolle mit eingewebtem (Fischgrät)-muster" und andererseits eine Bezeichnung für Kies und groben Sand ist. Folglich wäre der Gradelträger ein in grobes Fischgrät-Leinen gekleideter Sand-(Sack)-Träger gewesen. Wahrscheinlicher scheint es jedoch, dass die erwähnte Berufsbezeichnung in der Grabinschrift auf einem Dialektausdruck für eine andere Berufsbezeichnung fußt. Im biedermeierlichen Habsburgerreich bestanden nämlich sogenannte Gerätheltträger-Befugnisse, die zur Versorgung bedürftiger Schuhmachermeister und deren Gesellen geschaffen worden waren, weil sie wegen vorgerückten Alters oder wegen körperlicher Gebrechen mit ihrem Handwerk nicht mehr hinreichenden Unterhalt verdienen konnten. Diese Befugnisse beschränkten sich auf den Verkauf aller, den „Schuhmachern nöthigen Geräthe und auf den sogenannten kleinen Lederausschnitt, daher jeder Gerätheltträger sich des Schuhmachens enthalten muß". [2]

Das älteste sich auf diese Befugnisse beziehende Dokument, das zu finden war, ist die „Gewerbe- und Handthierungen-Regulierung vom 17. August 1765". Sie enthält ein „Verzeichniß der gering scheinenden Professionen und Gewerbe, welchen aber dennoch, wie bisher also auch in Hinkunft das Bürgerrecht unbedenklich ertheilet werden könnte", zu denen ebenfalls die Gradelträger gezählt wurden.

Genaueres erfährt man aus der „Allgemeinen österreichischen Gewerbs-Gesetzkunde" von 1829, die auf eben diese Regulierung Bezug nimmt: „Dagegen verzeichnete aber das Hof-Reskript vom 17. August 1765 wieder mehrere Beschäftigungen minderer Art, auf welche nur Schutz-Decrete mit den billigsten Kosten ausgefertigt werden sollten, als: Anstreicher, Bethenmacher, welsche Käse- und Würstemacher, Kreutzschmiede, Essighändler, Feilhauer, Leimsieder, Messing-Nägelmacher, Spinspeck- [Wienerisch für Pinschbeck: eine goldfarbene Kupferlegierung; Anm.] und Tombak-Galanterie-Arbeiter [Tombak: Schmuckgold; Anm.], Galanterie-Waderlmacher [Waderl: Fächer; Anm.], Weinschlauchmacher, Saitenmacher, Schrotgießer, Schrotschmiede, Schröpfstöckemacher, Gradelträger, Orgelmacher, Kleinuhren-Blattstecher, Kleinuhren-Gehäusemacher, Kappenmacher, Lackierer, Stahlarbeiter, Samenhändler, Waderlmacher, Kupfergalanterie- und Email-Arbeiter, Metallgalanterie-Arbeiter, Ballonmacher."[3]

Die Verwirrung, die sich aus der Verwendung des Wortes „Gradel" sowohl für ein Gewebe als auch für ein Gewerbe ergibt, wird ebenfalls aus Ignaz Sonnleithners „Lehrbuch des österreichischen Handels- und Wechselrechts" ersichtlich. Dort heißt es in § 75: „Die Leinwandhändler sind,

zufolge ihres Privilegiums, und des mit dem bürgerlichen Handelsstande geschlossenen Vertrages, in Wien mit folgenden Waaren zu handeln berechtiget, und zwar: mit allen Gattungen inländischer Leinwand, gefärbt, gemangt und gerieben, wie solche aus bloßem Haare und Flachse gemacht werden kann; mit Gradel, Bett-Barchent [Barchent: fest gewebte, drei- oder vierschäftige „Körperzeuge" aus reiner Baumwolle oder mit leinener Kette; Anm.], Federitt [ordinärer, blaugestreifter, 60 Ellen langer, 5/4 breiter, häufig rund gebundener Bettzwillich] und Zwilch [richtig Zwillich: zweifädiges, dichtes, strapazierfähiges Gewebe, meist aus Leinen, das für Arbeitskleidung und Handtücher verwendet wurde; Anm.], mit allen Gattungen feiner und grober Überzüge."

In § 86 werden dann die Gradelträger erwähnt: „Es wären noch andere Gewerbsleute anzuführen, welchen eine Art Handlungsrecht zukommt, welche aber in der Handelswelt zu unbedeutend sind, als daß es hier nothwendig wäre, ihre Befugnisse näher zu beleuchten, als: Stahlschmiede, Bethenkrämer, Fragner, Fütterer, Greißler, Viktualienhändler, Gradelträger u. dgl."

Ein weiteres Dokument aus der Zeit Andreas Hengessers belegt, dass es hinsichtlich der Erteilung der „Gerätheltträger-Befugnis" immer wieder Unklarheiten gegeben haben muss. So dürfte ein aus Zwickau stammender Schuster wegen Arbeitsunfähigkeit um die Erlaubnis angesucht haben, mit Lederwaren handeln zu dürfen, was von der Behörde ausnahmsweise positiv beschieden und ausführlich begründet wurde:

„Bestimmungen hinsichtlich der Ertheilung der Befugnisse zu den Geräthel-Trägereien, Leder-Handlungen und Gnadenbänken an die Schuhmacher.

Die dem Gubernium mit dem Hofkammerdekrete vom 16. November 1815 ertheilten Weisungen enthalten Alles, was durch die unterm 12. November 1799 in Ansehung der sogenannten Geräthel-Trägerei [...] bestimmt worden ist. Hierin ist bereits deutlich ausgedrückt, daß die Geräthel-Trägerei keineswegs ein eigenes Gewerbe bilde, sondern bloß solchen Schuhmachermeistern und Gesellen, welche wegen Alter und Gebrechen bei ihrem Gewerbe nicht mehr den nöthigen Unterhalt verdienen können, als eine Versorgung zu gestatten sei.

Die sogenannten Gnadenbänke unterscheiden sich wesentlich von der Geräthel-Trägerei, indem jene armen Schuhmachergesellen, damit sie ihre Profession selbstständig ausüben können, verliehen werden, diese aber Meistern und Gesellen, welche ihre Profession nicht mehr zu betreiben im Stande sind, zugestanden wird, und sohin jene nur die Stelle dieser vertreten können.

Auch die Beeinträchtigung der Lederhändler, wenn solche auch berücksichtigt werden könnte, findet durch die Geräthel-Trägerei offenbar minder Statt, als wenn jedem Gerber und Schumacher der förmliche Lederhandel, und jedem Professionisten mit allen, wenn auch nicht selbst erzeugten Artikeln seines Gewerbes, eingeräumt würde. […] so behebt sich auch in Folge Hofkammerdekretes vom 27. Dezember 1815, S. 3. 42991 die Bewilligung der Geräthel-Trägerei für einen Schuhmacher, wenn derselbe seine Profession auch fortbetreibt.

Dem Zwickauer Bürger und ehemaligen Schuhmachermeister kann zwar die angesuchte Lederhandlungsbefugniß nicht bewilliget werden, da er die Handlung nicht ordentlich erlernt hat, und ihm hiezu die erforderlichen Kenntnisse fehlen. Da jedoch andere rücksichtswürdige Gründe für ihn sprechen, und er wegen seiner körperlichen Gebrechen sein Gewerbe nicht mehr länger fortsetzen kann; so will man gestatten, daß ihm die Befugniß nach der Art ertheilt werde, wie solches die hier bestehende Gerätheltráger besitzen und ausüben, wobei man dem Gubernium bemerken muß, daß nach der unterm 26. Dezember 1799 ergangenen Normalvorschrift

a) den mit solchen Befugnissen Betheilten, nebst dem Verkaufe sämmtlicher den Schuhmachern nothwendigen Geräthe auch der sogenannte kleine Lederausschnitt auf Stöckel, Taschen, Riemen, Brandsohlen, deutsche Sohlen, dann auf Schuhe und Vorfüsse zu Stiefeln paarweis zu gestatten ist;
b) daß diese Berechtigung kein eignes bürgerliches Gewerbe bildet, sondern nur als eine Versorgung verdienstvoller Schuhmachermeister und deren Gesellen, die wegen ihres vorgerückten Alters oder wegen körperlicher Gebrechen nicht mehr den hinreichenden Unterhalt bei ihrem Handwerke erwerben können, zu betrachten ist, daher auch die Gerätheltráger keine eigene Innung ausmachen, sondern in demselben Verhältnisse bleiben, in dem sie vormals zu der Zunft der Schumacher standen;
c) daß denselben der Verkauf des Leders im Großen und der Handel mit demselben unter Strafe der Hinwegnahme verboten ist; endlich
d) daß kein Schuhmacher, so lange er noch seine Profession ausübt, die Geräthel-Trägerein betreiben dürfe."[4]

Adolph Lehmanns „Allgemeiner Wohnungsanzeiger" nennt in seinem Branchenverzeichnis für Wien, Nachweis der Geschäfts- und Gewerbetreibenden, nach Geschäften und Gewerben geordnet, aus dem Jahr 1864, 64 Geräthelträger und definiert deren Gewerbe als Handel „mit Werk-

zeugen, Materialen und Requisiten für Schuhmacher im Kleinen". Im Jahr 1887 existierten nur mehr 41, 1898 gab es in Wien lediglich 23 Geräthelträger, 1910 wurden noch zehn Vertreter dieses Gewerbes genannt und 1920 waren es nur noch sechs.

ECKHÄUSLER UND ANDERE HAUSBESITZER

Fünf Generationen von Hausherren

In den Geburtsurkunden meiner aus Böhmen und Mähren stammenden Vorfahren findet sich verschiedentlich die Berufsbezeichnung *Häusler.* Sie waren somit Dorfbewohner, die kleine Häuser, allerdings kein oder nur wenig eigenes Land (unter 10 Joch Feld, also weniger als ein Viertelbauer) und kaum eigenes Vieh, insbesondere weder Pferde noch Arbeitsochsen besaßen.

Für die Häusler blieben daher oft nur Erwerbsmöglichkeiten als Kleinhandwerker, Dienstboten oder Tagelöhner. Obwohl der Hauserwerb einen sozialen Aufstieg innerhalb des Dorfes bedeutete und die Häusler im Gegensatz zu den Leibeigenen als freie Arbeiter galten, wurden sie in den meisten Gebieten überproportional mit Abgaben, insbesondere mit Steuern des Landesherren belastet.

Der mit einer Berufsbezeichnung kombinierte Zusatz *Hausbesitzer* (oder Variationen davon) ist häufig auf Grabsteinen zu finden und Ausdruck des Selbstbewusstseins der meist bürgerlichen Verstorbenen, die sich durch die Vermietung von Wohnraum erstmals in der Geschichte in die Lage versetzt sahen, ähnlich adeligen Grundherren ein arbeitsloses Einkommen zu generieren. Anfangs wohnten die durch ihrer Hände Arbeit als Handwerker und Gewerbetreibende zu Vermögen Gekommenen auch in ihren eigenen Mietshäusern, später zogen sie es vermehrt vor, sich am Stadtrand Einfamilienhäuser errichten zu lassen. Diese

Entwicklung trug wesentlich zur Entstehung des Berufsstandes der *Hausmeister* bei.

Es fällt auf, dass sich die Literatur wesentlich intensiver mit der Gattung der Hausmeister als mit jener der Hausbesitzer beschäftigt hat, wiewohl es auch diese betreffend berichtenswerte Belege gibt:

Friedrich Schlögl (1821–1892) erwähnt in seinem Feuilleton „Allerweil fidel" in „Wiener Blut und Wiener Luft" eine besondere Spezies des Hausbesitzers:

„Allerweil fidel! Der alte Fesch, ein noch riegelsamer Mann in den sogenannten besten Jahren, Hausherr und Schalweber, in letzterer Eigenschaft nur mehr halb aktiv, da er die Leitung des Geschäftes seinem Sohne übergeben, tritt nach Tische in sein gewohntes Café und selbstverständlich schnurgerade zu dem Häuflein bewährter Spezi, die mit langen ‚Köllnischen' oder schöngerauchten Meerschaumpfeifen dampfend ausgerüstet, soeben beraten, ob man eine russische Preference oder den üblichen Tapper spielen soll. Zu anderweitigen Erwägungen, zu politischen Kontroversen, zu ernsten Debatten über kommunale Wirtschaftsangelegenheiten und sonstigen Gesprächsstoffen dieser Qualität versteigen sich die Herren nicht – das überlassen sie den anderen, den G'studierten; die Elite, die Crême des zünftigen Pfahlbürgertums interessiert sich für derlei Dinge nicht, sie liest auch nichts, außer (kurze) Notizen des Polizeirapportes und einzelne Stellen aus sensationellen Gerichtsverhandlungen. ‚Alles and're, was s' in die Zeitungen einidrucken, is ja eh derlogen!' So begnügt man sich als echter und rechter Spießer mit den geistigen Anregungen, die ein angesagter Ultimo bietet oder ein unerwarteter Contra. Damit reicht man schon aus, den Nachmittag und Abend und die halbe Nacht, überhaupt die sogenannte freie Zeit, d. h. jene, die das ‚Malefizg'schäft z' Haus' übrigläßt, totzuschlagen. ‚No, so fangen m'r an!' meint ein vierstöckiger Eckhäusler, ‚aufdeckt is schon!' Aber da erscheint eben Vater Fesch."

Fanny Gräfin zu Reventlow schreibt in ihrem Roman „Herrn Dames Aufzeichnungen oder Begebenheiten aus einem merkwürdigen Stadtteil", erschienen in München im Jahr 1913: „Wissen Sie ich habe schon manchmal hier geschlafen, wenn ich meine Schlüssel vergessen oder mich verspätet hatte. Ein oder das andere Fenster ist immer offen, und die Eckhäusler wundern sich nie, wenn sie morgens irgendeinen Bekannten vorfinden – besonders im Karneval –, es ist wirklich ein gastfreies Haus."

Die folgende Aufstellung gibt einen Überblick über die mannigfachen Kombinationen aus Brotberufen und Bezeichnungen der Hausherren und -herrinnen:

Josefa Bösenkopf (gest. 1875), *Brunnenmeisters- und Hausbesitzers Gattin*, Zentralfriedhof
Leopold Schober (1833–1899), *Baumaschinen-Fabrikant, Hausbesitzer, gew. Armenrath und Waisenvater*, Zentralfriedhof
Otto Pacher (gest. 1917), *Sparkassa-Oberbeamter und Hausbesitzer*, Friedhof Hernals
Philomena Köpplinger (gest. 1915), *bürgerliche Weinschänkerin, Haus- und Realitätenbesitzerin*, Friedhof Hernals
Franz Deix (1893–1943) *Gastwirt, Haus- und Garagenbesitzer*, Friedhof Hietzing

Adam Rauscher (1859–1941), *Meierei- und Hausbesitzer*, Friedhof Hernals

Johann Kietreiber (gest. 1899), *bürgerlicher Milchmeier und Hausbesitzer*, Friedhof Baumgarten

Mathias Pabst (gest. 1861), *Ziergärtner und Hausinhaber*, Friedhof St. Marx

Ferdinand Scheiber (gest. 1869), *bürgerlicher Küchengärtner und Hausinhaber*, Friedhof St. Marx

Ignatz Zitka (gest. 1915), *Gastwirt und Hausbesitzer*, Friedhof Hernals

Leopold Scheidl (1849–1922), *Haus- und Fuhrwerksbesitzer*, Friedhof Gersthof

Georg Scheidl (gest. 1890 im 6. Lebensjahr), *Hausbesitzerssohn*, Friedhof Gersthof

Ignaz Dusl, d. Ä. (keine Daten vorhanden), *bürgerlicher Leinwandhändler und Hausbesitzer*, Friedhof St. Marx

Adam Peter Westenberger (gest. 1912), *Wagenbauer und Hausbesitzer*, Friedhof Döbling

Lorenz Hieß (gest. 1819), *bürgerlicher Stärkmacher und Hausbesitzer*, Friedhof St. Marx

Josef Schorner (gest. 1840), *bürgerlicher Seidenfärber und Hausbesitzer*, Friedhof St. Marx

Josef Peschke (gest. 1850), *bürgerlicher Kürschnermeister und Hausinhaber in der Leopoldstadt*, Friedhof St. Marx

Joseph Biedermann (gest. 1856), *Bürger und Hauseigenthümer*, Friedhof St. Marx

Ludwig Swoboda (1854–1919), *Schlossermeister und Hausbesitzer*, Friedhof Gersthof

Josef Friedrich (1878–1954), *Kartonagenerzeuger und Hausbesitzer*, Friedhof Baumgarten

Elisabeth Frühbauer (gest. 1915), *Hausbesitzers- und Bäckermeistersgattin*, Friedhof Gersthof

Josef Zinnagl (1848–1905), *gewesener Fleischhauer, Privatier und Hausbesitzer*, Friedhof Gersthof

Johann Raimann (gest. 1913), *Haus- und Eisengießereibesitzer, Bürger von Wien*, Friedhof Hernals

Anton Georg Wilhelm (gest. 1866), *Lederfabrikant und Hausbesitzer*, Friedhof Hietzing

Rudolf Scheidl (gest. 1930), *Sodawassererzeuger und Hausbesitzer*, Friedhof Gersthof

Wenzel Ignaz Nikolaus Prohaska (1793–1862), *Gerichtssequester und Hausinhaber*, Friedhof St. Marx

Adolf Kletzer (gest. 1926), *Weinhaus- u. Realitätenbesitzer*, Friedhof Hernals

Karl Nagl (gest. 1907), *Fiaker, Hauseigentümer und Bürger Wiens*, Friedhof Hernals

Ing. Anton Keller (gest. 1927), *Nordbahninspektor i. R. und Haubesitzer*, Friedhof Gersthof

Franziska Meller (gest. 1902), *Hausbesitzerin und Ofenfabrikantensgattin*, Friedhof Gersthof

Anna Wels (1901–1969), *Hausbesitzerin*, Friedhof Hernals

Rosalia Czech (1773–1836), *Hausinhaberin in der Jägerzeil Nr. 32*, Friedhof St. Marx

Berta Payer (1878–1936), *Realitätenbesitzersgattin*, Friedhof Mauer

Johann Roos (gest. 1909), *Bürger, Hausbesitzer und Armenrat*, Friedhof Hernals

Karl Sauer (gest. 1911), *bürgerlicher Fleischhauermeister, Haus- und Realitätenbesitzer*, Friedhof Gersthof

Joseph Fromm (1803–1855), *magistratischer Markt-Oberkommissär und Miethauseigentümer,* Friedhof St. Marx
Gustav Adolf Künstler (gest. 1939), *städtischer Marktinspektor und Hausbesitzer,* Friedhof Döbling
Michael Schaller (gest. 1867), *bürgerlicher Schmalzhändler und Hausbesitzer in Hütteldorf,* Friedhof St. Marx
Johann Weber (1852–1900), *Obermüller und Hausbesitzer,* Friedhof Simmering
Magdalena Gerger (gest. 1830), *bürgerliche Branntweiners- und Hausinhabers Gattin,* Friedhof St. Marx
Anton Püschl (gest. 1911), *Grabsteinerzeuger und Hausbesitzer,* Friedhof Baumgarten.

In Wien war es vom ersten Drittel des 19. Jahrhunderts bis zum letzten Drittel des 20. Jahrhunderts – und somit etwa 140 Jahre lang – also üblich, den eigenen Realitätenbesitz mittels Inschrift auf Grabsteinen zu dokumentieren.

Viele der erwähnten Herrschaften dürften Abonnenten und Leser der österreichischen „Hausbesitzer-Zeitung" gewesen sein. Sie wurde vom Zentralverband der Hausbesitzervereine von Wien und Umgebung zwischen 1881 und 2001 herausgegeben und erschien rund zweimal im Monat mit einem Umfang von zwölf Seiten. Unterbrechungen der Herausgabe gab es zwischen 1883 und 1892 sowie zur Zeit des Nationalsozialismus von 1938 bis 1945. Von 1881 bis 1919 hieß die Zeitschrift „Hausherren-Zeitung".

Neben Ankündigungen von Hausbesitzer-Vereinstreffen gab es Kommentare zu aktuellen Gesetzesänderungen („Die neue Wiener Feuer-Polizeiordnung", „Die zwangsweise Feuerversicherung"), ein alphabetisches „Nachschlagebuch für Hausbesitzer und Administratoren", Leserbriefe und natürlich einen Inseratenteil. Der Leitartikel von Ausgabe Nummer 102 vom 1. Jänner 1892 beginnt mit den Worten: „Vier volle Jahre mühsamer Arbeit im Interesse des Realbesitzes haben wir hinter uns und das fünfte Jahr beginnen wir mit der heutigen Nummer 102. Mit diesem Jahr tritt für den gesammten Wiener Realbesitz die Pflicht zur Vereinigung heran. Der neue, durch Einbeziehung der Vororte unwillkürlich hervorgerufene Zeitabschnitt in der Geschichte Wiens bedingt ein festeres Zusammenhalten aller Hausbesitzer, wie bisher, wenn der Realbesitz vor einer Katastrophe bewahrt bleiben soll …" Unwillkürlich denkt man hier an die aktuelle Diskussion über die Wiedereinführung von Erbschafts- und Schenkungssteuer sowie über die Etablierung einer Vermögens(zuwachs)steuer.

DIE HAUSBESORGER UND DAS SCHEBESTA-PARADOXON

Vergangenheit und Zukunft der Wiener Hausmeister

Wiewohl es in Wien einst nachweislich Zigtausende Hausmeister gegeben hat, war auf den Friedhöfen der Bundeshauptstadt kein Grabstein mit einer entsprechenden Inschrift zu finden. Man könnte daher annehmen, dass die Vertreter dieser Berufsgruppe auf ihre Tätigkeit eben nicht stolz genug oder einfach nicht vermögend genug waren, um sich eine entsprechende Inschrift leisten zu können. Setzt man allerdings die Größe der Berufsgruppe in Relation zu einem Koeffizienten aus Reputation und Monatseinkommen, müssten wesentlich mehr ausgewiesene Hausmeistergräber existieren als solche von Kanalräumern oder Scharfrichtern. Wir sind demnach mit einem Phänomen konfrontiert, das hier erstmals beschrieben wird und wofür wir die Bezeichnung „Schebesta-Paradoxon" – nach dem gleichnamigen Hausmeister in Franz Antels Film „Der Bockerer" – vorschlagen.

Die Geburt des Berufsstandes des Haumeisters oder des Hausbesorgers, wie er in Wien meist genannt wird, ist eng mit der Industrialisierung und der Landflucht respektive dem Zuzug in die Großstädte in der ersten Hälfte des 19. Jahrhunderts verknüpft. Überhaupt spiegelt diese Berufsgruppe wie kaum eine andere die gesellschaftspolitische Geschichte des urbanen Österreich der vergangenen 200 Jahre wider.

Durch die stark steigende Nachfrage nach Wohnraum und die daraus resultierende Errichtung von Zinshäusern, in denen die Hauseigentümer später immer seltener selbst wohnten, ergab sich im ausklingenden Biedermeier für die Hausherren die Notwendigkeit, Vertrauensleute einzusetzen, die einerseits für die Einhaltung der Hausordnung und für die Reinigung des Hauses verantwortlich waren, andererseits für die Hausparteien eine Reihe von (zusätzlich zu entgeltenden) Serviceleistungen erbrachten. Dazu zählte beispielsweise das Aufsperren des zwischen zehn Uhr abends und sechs Uhr morgens verschlossenen Haustores, wofür von den Mietern, die zu jener Zeit keine Schlüssel zum Haustor ausgehändigt bekamen, ein Sperrgeld in der Höhe von sechs Kreuzern (das „Sperrsechserl") zu bezahlen war. Dieses Sperrgeld stellte eine wichtige zusätzliche Einnahmequelle für die meist erbärmlich bezahlten Hausmeister dar und war darüber hinaus von gesellschaftspolitischer Bedeutung, da „kulturelle und politische Veranstaltungen so terminisiert werden [mussten], dass es den Besuchern möglich war, vor zehn Uhr nach Hause zu kommen. Damit ging der Wirkungsbereich der Hausmeister weit über das jeweilige Haus hinaus – er erstreckte sich auf das Leben in der ganzen Stadt", schreibt Peter Payer in „Wiener Geschichtsblätter, Beiheft 4/1996" und zitiert an anderer Stelle die „Arbeiter-Zeitung" aus dem Jahr 1921: „Die Sperrgebühr war, als sie von der Habsburgerreaktion eingeführt wurde, als eine Strafe gedacht, die derjenige bezahlen musste, der sich nach 10 Uhr nachts noch außerhalb seines Wohnhauses befand. Daraus bildete sich die Ideologie, dass nach 10 Uhr nachts nur ein ‚Lump' ausbleibt. Die zehnte Abendstunde wurde so zum Prüfstein für den anständigen Wiener."

Aus der geschilderten Mittelstellung zwischen den Interessen des Hausherren und den Bedürfnissen der Hausparteien ergab sich zwangsläufig ein detailreiches Wissen über die Zustände in den von den Hausbesorgern regierten Realitäten, das von jeher für die jeweils herrschenden politischen Systeme Bedeutung erlangte. Besonders deutlich zeigte sich dies zur Zeit des NS-Regimes. Denn nach dem „Anschluss" „avancierten" die Hausmeister zu Blockwarten und gelangten solcherart in eine bis dahin nicht gekannte Machtstellung, aus der heraus sie oft über Leben und Tod entscheiden konnten, indem sie bei der Erstellung von „schwarzen Listen" mithalfen.

Franz Werfel beschreibt in seinem autobiografischen Roman „Cella oder die Überwinder" die neue Rolle der Hausmeister im Nationalsozialismus: „Alle Menschen wohnten in Häusern. Alle Häuser Wiens besaßen Hausmeister. Die Hausmeister aller Häuser – einige hatten sich schon den Titel von ‚Blockwarten' zugelegt – entschieden über den politischen Leumund aller Menschen, die in ihren Häusern wohnten, denn an sie und niemand andern wandte sich der Nachrichtendienst der siegreichen Partei, um über die Wohlgesinnung der kleinen und großen Leute ins Klare zu kommen." In Franz Antels Film „Der Bockerer", dessen Drehbuch von H. C. Artmann stammt, ist der Herr Schebesta einer jener Hausmeister, die immer „bei einer Hetz dabei sind", und die der Gestapo bei der Deportation jüdischer Hausbewohner hilfreich zur Seite stehen, wobei sie nicht nur das vermeintliche Fluchtgeld, sondern auch die arisierte Einrichtung kassieren.

Auch der deutsche Kunstsammler und Publizist Harry Graf Kessler hat die Beobachtung gemacht, dass Hausmeister und Portiere oft empfänglich waren für die NS-Ideologie und -Propaganda. Am 30. Jänner 1933 notierte er in seinem Tagebuch: „Um zwei Uhr kam Max zum Frühstück, der die Nachricht von der Ernennung Hitlers zum Reichskanzler mitbrachte. Die Verblüffung war groß, ich hatte diese Lösung, und noch dazu so schnell, nicht erwartet. Unten, bei unserem Nazi-Portier, brach sofort ein Überschwang von Festesstimmung aus …"

Manche Hausmeister benutzten ihre Aufsichtsfunktion über das Haus jedoch auch dazu, verfolgte Personen – allen voran jüdische Mieter – vor den Schergen des Regimes zu retten. Anna Rattner, die 1938 mit ihrem Mann in einem Haus in Wien-Leopoldstadt wohnte, hatte Glück. Die dortige Hausmeisterin schützte durch ihr mutiges Auftreten die Mieter des Hauses – und das, obwohl ihr eigener Sohn bei der SA war. Anna Rattner schrieb in ihrem Buch „1938 Zuflucht Palästina": „Diese gute Frau war dennoch keine Judenhasserin und war mit diesem Regime gar nicht einverstanden. Sie sperrte immer das Haustor ab und wenn eine Razzia kam, sagte sie: ‚Bei uns wohnen lauter anständige Leute und alles ist in Ordnung. Schaut's, dass wegkommt's!' Diese Frau hatte Mut. Waren wir gerade nicht zu Hause, wartete sie auf der Straße, bis wir kamen, um uns zu warnen."[5]

Dass Wiener Hausmeister auch gespaltene Persönlichkeiten sein konnten, die in den letzten Tagen des „Tausendjährigen Reiches" zu unerklärlichen Gräueltaten fähig waren, belegt das Beispiel des Portiers des Palais Salm in Wien-Landstraße. Ohne ersichtlichen Grund erschoss er sechs Personen, die er bis zum Tag der Eroberung Wiens durch die Rote Armee im Keller des Palais versteckt hatte, kurz nachdem er sie mit den Worten „Der Krieg ist aus, die Russen sind da!" zum Verlassen ihres Unterschlupfs veranlasst hatte.

Ob und allenfalls welche Rolle die Hausmeisterin bei der „‚Hofer'-Hetz" mit letalem Ausgang im gleichnamigen von Joesi Prokopetz für Wolfgang Ambros getexteten Lied gespielt hat, bleibt offen. Unzweifelhaft ist hingegen, dass dem „Hausfrieden" und dessen Einhaltung in ihrer Werteskala hohe Bedeutung zukommt:

„‚Also, Hofer, kommen's raus!'
Und sie pumpern an die Tür
und sie machen an Krawall alswia,
und sie tretatn's aa glatt ei,
tät die Hausmeisterin net sei.

Die sagt: ‚Was is denn, meine Herrn?
Tun S' mir doch den Hausfrieden nicht stör'n!
Denn eines weiß ich ganz gewiß,
dass die Leich
der Hofer is!'"

Über die Macht, die Hausmeister auch in Friedenszeiten innehaben, kann man in Heimito von Doderers Roman „Die Wasserfälle von Slunj" und in der Erzählung „Der Untergang einer Hausmeisterfamilie" viel Geist- und Aufschlussreiches erfahren: „… zu vermeinen, man könne in einem Wiener Hause leben, bei bestehender Feindschaft mit der Hausmeisterin, ohne an Detailpeinigungen zugrunde zu gehen, wäre damals ein Hirngespinst gewesen; und auch heute verhält sich's nicht viel anders." Doderer warnt den Leser sowohl vor einer zu geringen als auch vor einer zu großen Aufmerksamkeit, die man als Hauspartei der Hausmeisterin entgegenbringt: „Als gelernter Wiener schauderte Chwostik durch Augenblicke ernstlich vor den absehbaren Komplikationen, die ein Verhältnis mit der Hausmeisterin nach sich gezogen hätte – denn gerade das gehört zu jenen Dingen, von denen einer unbedingt die Finger lassen muss."

An anderer Stelle erfährt der Leser Schauriges über die oft katastrophalen Lebens- und Arbeitsbedingungen dieser häufig geschmähten Berufsgruppe: „Nur unten im Parterre [des Hauses in der Adamsgasse; Anm.] bei der Hausmeisterin Wewerka gab es das furchtbar überflüssige Böse, die höllisch unermüdliche List [...], dort wohnte nämlich der eigentliche und stets versoffen herumlehnende Hausmeister Wewerka mit seiner zweiten Frau (horribile dictu auch Knollengewächs tituliert) und seinem Stiefsohn namens Münsterer [von Beruf Manipulant in einem Postamt; Anm.] in drangvoller troglodytischer Enge [...] Nur dann und wann zeigte er Spuren einstmaligen Lebens und schimpfte etwa im Flur hinter Hausparteien her, die ihn gar nicht kannten, denn die Wewerka hielt ihn meist unter Verschluss ..." Auch wird berichtet, dass es sowohl in der Hausbesorger-Wohnung als auch schon auf dem Weg dorthin, wenn man vom Flur „in die Unterwelt abtreppte [...] nach dem Petroleum der Lampe stank [...] Sie [die Hausmeisterin] verströmte [...] einen charakteristischen Geruch, den Hausmeistergeruch (foetor conciergicus)".

In seinem Roman „Die Dämonen" ging Doderer bei der Schilderung der Hausmeistercharakteristika sogar soweit zu behaupten, dass in Wien „aus einem reinen Berufsstand [...] eine Art Rasse geworden [sei]", was insofern als bedenklich erachtet werden kann, als damit suggeriert wird, dass

Menschen, die berufsbedingt und unfreiwillig im Souterrain wohnen, als „Untermenschen“ betrachtet werden können.

Eine weitere Hausbesorgerin, von der Doderer erzählt, trägt den schönen Namen Wenidoppler und dient zur Illustration der fast sprichwörtlichen Neugier dieser Berufsgruppe: „Nicht lange nach deren [der Wenidoppler'schen] Verhausmeisterung war das Ehepaar Bachler hier eingezogen (der fesche Herr Doctor zeigte übrigens von Anfang den Wenidopplers gegenüber die offenste Hand, ähnlich wie jetzt Chwostik). Eine Hausmeisterin weiß alles, manchmal aber doch nicht so genau; zudem war diese da neugebacken (nuper conciergificata) […]. Welche Hausmeisterin wird sich nicht für die Möbeleinrichtung einer einziehenden Mietpartei interessieren?“

Vielschichtig erscheint die Persönlichkeit des Hausmeisters Waschler, der die „Amtsperson“ in jenem Haus am Schmerlingplatz war, aus dessen Wohnung im obersten Stock der Sektionsrat Geyrenhoff gemeinsam mit seinem ehemaligen Vorgesetzten, dem Sektionschef Gürtzner-Gontard, am 15. Juli 1927 den Brand des Justizpalasts beobachtete. Mittels seiner „autoritativen Amtsmiene“ verhinderte Waschler einerseits das Eindringen von Rowdies, fungierte andererseits, auf einer Leiter sitzend und durch die Oberlichte des geschlossenen Haustores blickend, gleichzeitig als Informationsquelle und als „Spiritus Rector“ der Hilfsmaßnahmen für Verwundete, die sich ins Foyer des Hauses geflüchtet hatten.

Im Vergleich zu Doderer finden die Hausmeister bei Musil nur wenig Beachtung. Im „Mann ohne Eigenschaften“ wird eine interessante Mischform aus Diener, Hausmeister und *major domus* erwähnt, der schon im Dienste von Ulrichs Vater gestanden hatte: „Er [Ulrich] ließ einen Wagen mit seinem Gepäck, unter das er im letzten Augenblick vor der Abreise noch ziemlich viel Bücher getan hatte, und mit dem alten Diener folgen, der, schon zu seinen Kindheitserinnerungen gehörend, ihn abgeholt hatte und das Hausmeister – mit dem Hausmeier – und dem Universitätsdieneramt in einer Art vereinigte, über deren innere Grenzen mit den Jahren Ungenauigkeit gekommen war. Wahrscheinlich war es dieser bescheiden-verschlossene Mann, dem Ulrichs Vater die Todesdepesche in die Feder gesagt hatte …"

Das umfangreiche Wissen um die Vorgänge in „ihrem" Haus und dessen Umgebung, das sich Wiens Hausmeister kraft ihrer Stellung beinah ebenso bei- wie zwangsläufig aneigneten, trug zu ihrem Selbstbewusstsein sicherlich maßgeblich bei, was sich auch in der Tatsache widerspiegelte, dass es eine eigene „Wiener Hausmeister-Zeitung" gab. In einer ihrer Ausgaben aus dem Jahr 1893 wurde eingedenk der erwähnten Kenntnisse der Abonnenten eine Suchmeldung nach einem untergetauchten Betrüger namens Johann Flamisch veröffentlicht: „Hausbesorger Wiens! Beweiset, dass Ihr, wenn es sich um gemeinschädliche Individuen handelt, die beste Polizei seid, und dass Ihr das zu erreichen vermögt, was der Polizei große Schwierigkeiten zu bereiten scheint, nämlich die Eruierung eines Schwindlers. […] Wenn einer der Herren Hausbesorger Flamisch direct erkennt, so ist es am einfachsten, ihn sofort dem nächstbesten Sicherheitswachmann mit dem Bedeuten, dass Flamisch gesucht, zu übergeben. Für das Eruieren dieses gemeingefährlichen Schwindlers erhält der betreffende Hausbesorger von unserer Administration den Betrag von 5 fl." Das „Organ zur Wahrung der Interessen der Wiener Hausbesorger" – so der Untertitel der Hausmeisterzeitung – erschien bei Mautner in Wien übrigens im selben Jahr (1892) zum ersten Mal wie die „Hausherren-Zeitung – Officielles Organ der Hausbesitzer", die von Dötzl herausgebracht wurde.

Zwei real existierende Hausmeisterwohnungen sollten in Wien auch historische Bedeutung erlangen. In der Gschwandnergasse 32 (benannt nach Johann Gschwandner, dem Vater des *Vergnügungsetablissementbesitzers* Georg Gschwandner) im 17. Wiener Gemeindebezirk war seit den Siebzigerjahren des 19. Jahrhunderts Frau Katharina Kunschak als Hausmeisterin tätig. Ihr Sohn Leopold, Führer der christlichen Arbeiterbewegung, verfasste und publizierte seit 1896 in der elterlichen Hausbesorgerwohnung eine Zeitschrift namens „Freiheit", das erste Organ der christlichen Arbeiter in Österreich. Ignaz Seipel sen. bewohnte mit seiner Familie eine Hausmeisterwohnung in Meidling. Sein gleichnamiger Sohn wurde ebenfalls christlich-sozialer Politiker und schließlich Bundeskanzler.

Im Jahr 1922 erfolgte mittels der Verabschiedung der sogenannten „Hausbesorgerordnung", die einen einheitlichen Dienstvertrag für alle Hausmeister brachte, eine bundesweite Regelung der hausmeisterlichen Obliegenheiten. Darin wurde erstmals der Beruf des Hausmeisters definiert und seine Rechte und Pflichten genau festgelegt: Als Hausbesorger (Portier, Hausmeister, Hauswart) war derjenige anzusehen, der vom Eigentümer (Verwalter) eines Hauses mit der Beaufsichtigung, Wartung und Reinhaltung des Hauses betraut wurde. Die Entlohnung hatte aus einer mietzinsfreien

Dienstwohnung sowie dem Reinigungs- und Sperrgeld, deren Höhe genau festgelegt wurde, zu bestehen. Und auch der Streit um den Haustorschlüssel wurde endlich beigelegt: Ab nun war jeder Mietpartei vom Hauseigentümer unentgeltlich ein Hausschlüssel zu überlassen. Die frühere Allmacht der Hausmeister war mit diesem Gesetz endgültig vorbei. Sie hatten sich vor allem auf die Betreuung des Hauses zu konzentrieren und waren zur Verschwiegenheit über die Privatverhältnisse der Bewohner (von Auskünften an Behörden abgesehen) verpflichtet. Die „Hausbesorgerordnung" wurde in den folgenden Jahrzehnten noch einige Male novelliert und 1970 durch ein neues, den geänderten sozialen Verhältnissen angepasstes Hausbesorgergesetz ersetzt.

Peter Payer beschreibt die weitere Entwicklung des Hausmeisterwesens in den Wiener Geschichtsblättern, Beiheft 4/1996 wie folgt: „Gab es Ende der 1940er Jahre noch rund 40.000 Hausmeister in Wien, so sank ihre Zahl innerhalb von nur drei Jahrzehnten auf rund 26.000 ab. Die Gründe für diese Entwicklung lagen auf der Hand: Das geringe Einkommen und die schlechte Beschaffenheit der Hausmeisterwohnungen. Zudem war das Image der Hausmeister in der Öffentlichkeit nicht gerade das beste. In einer Zeit, in der noch genügend Arbeitsplätze in anderen Wirtschaftsbereichen zur Verfügung standen, war der Beruf des Hausmeisters nicht unbedingt das, wovon viele träumten. Man stand vor echten Nachwuchsproblemen. Zwei Drittel der Wiener Hausmeister waren älter als 55 Jahre, immer mehr Hausmeisterwohnungen blieben leer. [...] Die Statistik spricht eine deutliche Sprache: Die Anzahl der Hausmeister nimmt seit den 1970er Jahren pro Jahrzehnt um zweitausend

Personen ab. Derzeit gibt es in Wien nur mehr rund 22.200 Hausmeister, wovon allein 3.900 für die Gemeinde Wien tätig sind. Hausmeisterfreie Mietshäuser sind schon längst keine Seltenheit mehr. Immer häufiger wird die hausmeisterliche Tätigkeit von privaten Reinigungsfirmen übernommen. Die Säuberung der Stiegenhäuser, Keller und Fenster, das Auswechseln defekter Glühlampen, Schnee- und Streudienst bis zur Betreuung von technischen Anlagen im Haus: Reinigungsfirmen erledigen so ziemlich alle Arbeiten, mit denen bisher der Hausmeister betraut war, und das meist zu einem weit günstigeren Preis: ‚Ab 15 Wohneinheiten sind wir billiger als ein Hausbesorger', rechnet der Geschäftsführer einer führenden Wiener Reinigungsfirma vor."

Mit Stand März 2015 gibt es in Wien in 1.811 Gemeindebauten 220.000 Gemeindewohnungen und 1.600 Dienstwohnungen für Hausbesorger. Möglicherweise erhöht sich durch die von Bürgermeister Häupl zum Auftakt der Gemeinderatswahl 2015 öffentlichkeitswirksam präsentierte Ankündigung, wieder Gemeindebauten errichten zu wollen, demnächst die Anzahl der Hausbesorger. Von ihren Kollegen in Istanbul könnten sie wohl einiges lernen. Dort tragen die Hausbesorger nicht nur den Müll der Hausparteien zu den Abfallcontainern, sondern erledigen auch kleine Besorgungen für sie (Herrn Doderer hätte diese Vorstellung wohl einen wohligen Schauer über den Rücken gejagt). Und vielleicht würde eine solche gesellschaftliche Aufwertung der Hausmeister auch dazu führen, dass die Vereinsamung in den Gemeindebauten zurückginge und man in Wien doch das eine oder andere Hausbesorger-Grab entdecken würde können.

Georg Gschwandner (1832–1901), *Vergnügungs-Etablissementbesitzer*, Friedhof Hernals

VOLKSBELUSTIGUNG IM WANDEL DER ZEIT

Ein legendärer Vergnügungs-Etablissementbesitzer

Die Titulatur des Herrn Georg Gschwandner ist eine zweifach bemerkenswerte. Zum einen stellt sie meines Wissens eine Singularität auf Wiens Friedhöfen dar. Zum andern illustriert sie die Beeinflussung unserer Vorstellung von einem Begriff oder Beruf durch den herrschenden Zeitgeist. Während man in unseren Tagen ein Vergnügungsetablissement – wollte man ein Lokal tatsächlich mit diesen Worten beschreiben – wahrscheinlich mit schummriger Beleuchtung, leicht oder gar nicht bekleideten Damen, also mit etwas Verruchtem, bestenfalls Nachtclubartigem in Verbindung bringen würde, verstand man in der zweiten Hälfte des 19. Jahrhunderts darunter etwas gänzlich anderes.

Der Vater des späteren *Vergnügungs-Etablissementbesitzers*, Johann Gschwandner (1802–1862), betrieb zunächst im sogenannten „Rötzerhaus" am Elterleinplatz einen Heurigen. Im Jahr 1838 kaufte er die Häuser Nr. 13 und 14 (Geblergasse 34, Hernalser Hauptstraße 35 und 37) und wurde dadurch, wie die Inschrift auf dem Stein der Familiengruft wissen lässt, zum Wirtschafts- und Realitätenbesitzer. Sein Sohn Georg erwarb später die angrenzenden Häuser Nr. 15 und 16 in der Geblergasse 36 und 38 sowie in der Hernalser Hauptstraße Nr. 39 und 41. Die Weingärten der Gschwandners (Weinbau wurde bis in die 1870er-Jahre betrieben) befanden sich in einem Areal zwischen der heutigen Theresiengasse und Martinstraße. Auf der Website des Bezirksmuseums heißt es dazu: „Beim Gschwandner befand sich die Zehentpresse [eine Weinpresse, Anm.], welche die Familie vom Domkapitel St. Stephan erworben hatte. Sie war neben der des Stiftes Heiligenkreuz die größte und älteste Presse Österreichs. Auf dem 10 Meter langen und nicht ganz einen Meter breiten Pressbaum befand sich das gräflich Trautson'sche Wappen, mit der Jahreszahl 1694."

Durch Um- und Zubauten entstand schließlich 1880 das „Etablissement Gschwandner", in dem nun die Schrammeln ebenso konzertierten wie verschiedene Militärkapellen. Nach dem Tod des Vergnügungs-Etablissementbesitzers leitete dessen Sohn Georg Gschwandner jun. (1865–1947) das Unternehmen zunächst gemeinsam mit seiner Mutter und passte das Lokal an die sich wandelnden Ansprüche des Publikums an. Im Jahr 1907 wurde ein Kinematograf installiert und das Gschwandner bot neben den traditionellen Konzerten und Bällen auch sportliche Attraktionen. Wie man dem Buch „Das Gschwandner. Ein legendäres Wiener Etablissement" von Erich Bernard und Astrid Göttche entnehmen kann, betonten zahlreiche Nachrufe nach dem Ableben Georg Gschwandners, dass sein Lokal zu den bekanntesten Betrieben des Bezirks gezählt hatte, der Inhaber aber „der einfache, bescheidene Hausvater, der auf das Wohl seiner Gäste bedacht war und sein Geschäft nach den erprobten Grundsätzen führte" geblieben war.

Karl Gschwandner (1907–1972) übernahm als letztes Familienmitglied das Unternehmen. Allerdings trat er nicht mehr als Veranstalter auf, sondern vermietete lediglich die Räume des „Grand-Etablissement", worin in drei

Sälen und zwei Stüberln an 150 Tischen rund 1.150 Gäste Platz fanden. Als im Jahr 1951 Hernals sein 900-jähriges Bestehen mit einer „Festakademie“ des Heimatmuseums feierte, saßen Nationalratspräsident Leopold Kunschak und Bundespräsident Dr. Theodor Körner beim Gschwandner nebeneinander. Und zwar an derselben Stelle, an der im Jahr 2014 der ehemalige Bundeskanzler Franz Vranitzky in einer Fernsehdokumentation über seine Erinnerungen an den Bezirk, in dem er aufgewachsen war, sprach. Bis zum Jahr 1960, in dem das Gschwandner geschlossen wurde, traten bekannte Künstler wie Hermann Leopoldi, Heinz Conrads oder Fritz Muliar auf. Seit 1991 steht das frühere Etablissement Gschwandner unter Denkmalschutz.

Doch zurück zum sich wandelnden Zeitgeist: Ein Plakat aus dem Jahr 1946 kündigt als „Sensation für Wien: Internationale Damen-Boxkämpfe mit dem Negerboxer (!) Ali Magounda als Ringrichter, dazu das große Varieté-Programm mit der Lachkanone Ila Hartmann, […] der Edelweißtruppe […] und den 3 Helos, Radfahrequilibristen“ an. Karten „von 2 Schilling aufwärts“ waren an der Abendkasse erhältlich.

Im Jahr 2012 wurde das Gschwandner von einer Immobilienfirma gekauft und nach ersten Renovierungsmaßnahmen kam es mit Veranstaltungen wie einem „Wäschermädelball“ und einer „Letzten Weltausstellung“ zu einer erfolgreichen, aber – wie sich herausstellen sollte – nur kurzen kulturellen Neunutzung. Da die Wien Holding nach zweijährigen Verhandlungen von einer zunächst in Aussicht gestellten finanziellen Beteiligung Abstand genommen hat, wurde das Etablissement wieder geschlossen.

Carl Lorens reimte einst in einem seiner Lieder: „Beim Gschwandner und Stalehner, da lernt man si' kenna.“ Diese Zeiten sind vorbei: Das Stalehner in der Jörgerstraße 22, in dem neben Karl Michael Ziehrer auch Josef Bratfisch, Sänger und Leibfiaker des Kronprinzen Rudolf, auftraten, wurde bei einem Bombenangriff im Jahr 1945 völlig zerstört. An anderer Stelle heißt es jedoch, dass man vom

Gschwandner reden werde, solange die Alsegger Rieden gedeihen. Der Alsegger Wein wird heute noch in Form des Gemischten Satzes getrunken und über das weitere Schicksal des Vergnügungsetablissements wird auch noch länger geredet werden. Ob es „beim Gschwandner [wieder einmal] lustig und kreuzfidel“ wird – so eine weitere Textzeile – ist hingegen fraglich.

Johann Nepomuk Ritter von Haym(m)erle (gest. 1838), *k. k. Hof- und Hofkriegs-Agent*, Friedhof St. Marx

DER RITTERLICHE HOF-AGENT

Die Lobbyisten des Alten Wien

Die Ritter von Haymerle gehörten laut einem von Rudolf Johann Graf von Meraviglia-Crivelli publizierten Verzeichnis des böhmischen Adels im Gegensatz zu den gleichnamigen Freiherren ursprünglich zum niederen Adel:

„Um das Jahr 1560 aus Steiermark nach Böhmen gekommen, wo schon das noch gegenwärtig geführte Wappen ihr Eigen war. Wenzel Haymerle, k. k. Hofagent, Herr auf Liebitz, Landstand in Böhmen, Mähren und Schlesien, wurde von Kaiser Karl VI. am 12. September 1737 in den österreichischen erbländischen Adelsstand und am 6. März 1748 von der Kaiserin Maria Theresia unter gleichzeitiger Verleihung des Incolates [Aufnahme in den Ritterstand; Anm.] von Böhmen, Mähren und Schlesien in den Ritterstand erhoben."

Auf den ersten Blick (und mit dem Auge des heutigen Betrachters) liegt zunächst die Vermutung nahe, dass Herr von Haymerle sowohl für den zivilen als auch für den militärischen Geheimdienst Kaiser Franz II./I. tätig gewesen ist.

Dass dem nicht so war, lässt die Veröffentlichung seiner Ernennung in einer österreichischen Tageszeitung ahnen. Der „Österreichische Beobachter" teilt in seiner Ausgabe vom 19. Mai 1818 in der Rubrik „Inländische Nachrichten" mit, dass „Se. k. k. Majestät geruht [haben], den Johann Nepomuk Ritter von Haymerle, zum wirklich k. k. Hofagenten bei der vereinigten Hofkanzlei zu ernennen". Ein weiteres Indiz dafür, dass die berufliche Tätigkeit des Ritters von Haymerle eine nicht-nachrichtendienstliche war, liefert der

Umstand, dass das für Ausbildung von Geheimpolizisten zuständige „Institut der k. k. Polizeiagenten" erst im Jänner 1871 gegründet wurde.

Schlägt man bei Krünitz nach, wird diese Ahnung bestätigt. Unter dem Stichwort „Hofagent" findet sich folgender Eintrag: „Ein Agent, welcher gewisse bestimmte Angelegenheiten seines Hofes, oder eines ansehnlichen Dicasterii [Spruchgericht; Anm.] besorget; wo es aber auch oft nur ein bloßer Titel ist. Die kaiserlich-königliche oberste Justitz-Stelle zu Wien, hat, so wie das dasige Hof-Taxamt, seine Hof-Agenten, welche den bey beyden Collegiis angestellten Hof-Advocaten im Range nachstehen."

Im Jahr 1820 zählte die Hofkanzlei des Königreichs Böhmen dem „Schematismus für das Königreich Böhmen auf das Schaltjahr 1820" zufolge 20 Hofagenten, unter ihnen auch ein Franz Ritter von Haymerle, wohnhaft in der Himmelpfortgasse im Haus mit der Konskriptionsnummer 1007. Im Vergleich dazu: Das Lobbyisten- und Interessensvertretungsregister, das infolge der Telekom-Affäre und des Skandals rund um den EU-Abgeordneten Ernst Strasser eingeführt wurde, umfasste mit Stand 1. März 2015 250 Einträge (von A1 bis Zieglerverband Linz, von Dr. Johannes Ametsreiter bis Dr. Hans Christof Zernatto).

Wie nicht anders zu erwarten, existierten bereits am Ende des 18. Jahrhunderts entsprechende gesetzliche Grundlagen für die Tätigkeit der Hofagenten.

„Über die eigentliche Bestimmung des Hof-Agenten.

§ 1. Die eigentliche Bestimmung des Hof-Agenten ist: denjenigen, welche ihre Geschäfte in politischen Angelegenheiten, oder in Gegenständen außer Streites selbst nicht besorgen können, oder auf Ansuchen, Hülfe zu leisten, wenn für sie Auskunft einholet, Erklärungen abgeheischet, Geschäfte bey Stellen angebracht, die Erledigung der eingebrachten betrieben, oder eine Bitte zu höchsten Handen gebracht werden muß.

Nur einer Dienstesbewerbung darf sich der Hof-Agent nicht annehmen, sondern er soll den Competenten, der sich an ihn wendet, anweisen, seine Bittschrift selbst bey der gehörigen Stelle zu überreichen oder zu höchsten Handen zu bringen. Auch werden die Vertretungen in Streitsachen ausgenommen, indem bey diesen nur eigens angenommene Advocaten einschreiten dürfen: dagegen der Hof-Agent doch auch vor Gerichtsstellen, in Angelegenheiten außer Streites, gebraucht werden mag.

§ 2. Vielmehr sollen die Hof-Agenten, die sich in ihren Geschäften mit Rechtschaffenheit und Fleiß auszeichnen, zu Vormundschaften und Curatelen, deren Benennung von den Stellen abhängt, berufen werden."

Im Gegensatz zu den in unseren Tagen geltenden Regeln für Politikberater und Interessensvertreter waren die Hof-Agenten dazu verpflichtet, Bittgesuche für mittellose Petenten zu erstellen und ihnen darüber hinaus „mit Rath und That beyzustehen", und zwar „unweigerlich und unentgeldlich".

Im zweiten Abschnitt ist von den Erfordernissen zur Zulassung als Hof-Agent die Rede. Hier werden zunächst ein Staatsbürgerschaftsnachweis („daß er ein Eingeborner eines k. k. Erblandes sey"), ein Leumundszeugnis „zweyer glaubwürdiger Männer" und „Kenntnis der Deutschen, Böhmischen oder Galizischen, dann jener Landessprache, wo er in der Folge seine Agenzie ausüben will" gefordert. Außerdem „muß sich derselbe genau ausweisen, nie in einer was immer für Rahmen habenden geheimen Gesellschaft gewesen zu seyn". (Es stellt sich die Frage, wie man wohl nachweisen konnte, dass man weder Freimaurer noch Illuminat – denn darauf zielte wohl dieser Passus – war.) Um Hof-Agent werden zu können, bedurfte es weiters eines entsprechenden Vermögens:

„§ 14. Wer sich um die Stelle eines Hof-Agenten bewerben will, muß auch den Besitz einiges Vermögens, und zwar wenigstens von 10.000 Gulden ausweisen."

In § 29 steht zu lesen: „... in den Geschäften, die ein Hof-Agent unternommen, in den Urkunden, die er errichtet hat, darf nichts Verstelltes einfließen; es dürfen keine erdichteten Nahmen, keine vor- oder zurückgesetzten Daten, keine unwahren Geschichtsumstände erscheinen: sondern das Geschäft muß allenthalben so dargestellet werden, wie es geschlichtet worden ist, sonst trifft den Hof-Agenten Verantwortung, und wenn die Unwahrheit jemanden schädlich geworden, auch Strafe. Ist aber der Hof-Agent dabey offenherzig und wahrhaft vorgegangen, so hat er die Folgen, die aus dem Geschäfte entstanden seyn mögen, nicht zu verantworten."[6]

Gewisse Ähnlichkeiten mit den Bestimmungen des Lobbyisten-Registers sind nicht zu übersehen: Für nicht eingetragene Interessensvertreter drohen Strafen zwischen 10.000 und 60.000 Euro (im Wiederholungsfall) bis hin zur Nichtigkeit von Lobbying-Aufträgen. Letzteres kann allerdings nur Lobbying-Agenturen treffen, die professionelle Interessensvertretung für Dritte betreiben.

Auf den Agenten Johann Nepomuk Ritter von Haymerle zurückkommend, oblagen diesem als Hof- und Hofkriegs-Agent im Bereich der militärischen Behörden vergleichbare Agenden wie jene gegenüber den zivilen Behörden. Wie es scheint, wurden diese Posten allerdings ab etwa 1830 nicht mehr vergeben:

„In Übereinstimmung mit Meiner Entschließung über den Vortrag der Hofkanzlei vom 1. Mai 1828 finde Ich auch das Institut der Hofkriegsagenten eingehen zu lassen. Es sind daher nicht weiter mehr solche Stellen zu verleihen, die bestehenden Hofkriegsagenten aber im Genuße ihrer erworbenen Rechte zu schützen. Die Generalkommanden außer Ungarn, Siebenbürgen und der Militärgränze werden dagegen ermächtiget, denjenigen der bereits vorschriftsmäßig berechtigten öffentlichen Agenten, welche darum ansuchen, nach einer vorläufigen gut bestandenen Prüfung für den Generalkommando-Bezirk die Befugnis zu ertheilen, die an sie sich wendenden Parteien bei den Militärbehörden zu vertreten, insoweit nicht ausdrückliche Gesetze derlei Vertretungen andern dazu berechtigten Personen vorbehalten ...“[7]

Dr. Wolf Kurzel-Runtscheiner (1924–1950), *Legationsrat*, Friedhof Hietzing

IM AUFTRAG ÖSTERREICHS

Legations-, Sektions- und andere Räte im auswärtigen Dienst

Am Hietzinger Friedhof, der aufgrund seiner räumlichen Nähe zur ehemaligen Wiener Sommerresidenz des alten Kaisers auffällig vielen Beamten zur letzten Ruhestätte geworden ist, nimmt die Reise zu den Gräbern der Räte ihren Anfang. Gemeinhin bekannte Vertreter dieser Spezies sind neben den Medizinalräten auch ihre merkantilen Konterparts, die Kommerzialräte. Zwischen den solcherart ausgezeichneten und folglich meist nicht mehr ganz jungen Äskulap-Jüngern und ihren ökonomischen Pendants ist, wie man im Folgenden sehen wird, reichlich Platz für Räte aller Art, vor allem für solche des auswärtigen Dienstes.

Die erste Stelle in dieser Würdigung der diplomatischen Räte gebührt nach meinem Dafürhalten dem *Legationsrat*, auf Wiens Friedhöfen beispielhaft vertreten durch das Grab von Dr. Wolf Kurzel-Runtscheiner (1924–1950). Beim Legationsrat handelt es sich um den Amtstitel für das Eingangsamt im höheren auswärtigen Dienst, dessen weitere Beförderungsstufen die schönen Bezeichnungen *Legationsrat Erster Klasse, Vortragender Legationsrat* und *Vortragender Legationsrat Erster Klasse* tragen. Die hervorragende Bedeutung dieses Vertreters der österreichischen Beamtenschaft beruht nicht so sehr auf seiner eher im unteren Mittelfeld der bürokratischen Sprossenleiter des auswärtigen Dienstes angesiedelten Position als vielmehr auf seiner Bedeutung in der österreichischen Literatur. Immerhin verdankt die Republik Österreich ihre

Errettung in den Jahren der großen Hitze (vgl. dazu Mauthe, „Die große Hitze“) dem im Untertitel genannten Legationsrat Erster Klasse, Dr. Tuzzi, der ein Neffe des für die Geschicke dieses Landes ebenso bedeutsamen Sektionschefs Tuzzi aus Robert Musils Roman „Der Mann ohne Eigenschaften“ war. Dieser hatte gemeinsam mit seiner Frau Diotima und den Mitgliedern ihres Salons erheblichen Anteil an der Planung der „Parallelaktion“, deren Umsetzung aus bekannten historischen Gründen aber nicht zustande gekommen ist. Dr. Tuzzi, dessen Vornamen Jörg Mauthe trotz der Tatsache, dass der Legationsrat in drei seiner Bücher meist tragende Rollen spielt, dem Leser nie enthüllt, lernt im Lauf seiner ehrenvollen Tätigkeit für die Republik, dass selbst die fantastische unterirdische Welt der Zwerge über einen ausgeprägten bürokratischen Apparat verfügt. In beinah faustischer Tradition erkennt der tapfere Diplomat bei seinem Ausflug in die Zwischenwelt, dass selbst unterhalb von Mariazell Hierarchien und Titel Bedeutung zu haben scheinen: „Trotz aller Fremdartigkeit haben diese Röhren in Tuzzis Augen Ähnlichkeit mit den labyrinthischen Gängen des Bundeskanzleramtes oder des Regierungsgebäudes am Stubenring.“ Auf den Einwand eines Zwerges, dass man dort unten „aber Beamte eigentlich gar nicht habe“, kontert der Beamte des Außenministeriums: „Wo mehrere Wesen der gleichen Art zusammenleben, dort gibt es augenblicks auch schon Beamte.“

Am Gersthofer Friedhof, der trotz seiner überschaubaren Größe in vielerlei Hinsicht bemerkenswert ist, kann man das Grab des *Sektionsrates* Dr. Viktor Leschtinsky (1884–1953) finden. Der Titel, der dem des früher gebräuchlichen „wirklichen k. k. Rathes“ entsprach, bewirkt ähnlich wie „durchs

Hirn schwappendes Plankton“ Assoziationen mit Doderers Sektionsrat Geyrenhoff und einem Kollegen Tuzzis, dem Sektionsrat Tuppy. Ersterer fungierte beinah wie ein Vorauskollege von Camus’ Dr. Rieux als Chronist der Wiener Gesellschaft der Zwanzigerjahre. Letzterer, aus einer Denkschule der österreichischen Sozialdemokratie kommend, die sich die Abschaffung des Schicksals durch administrative Maßnahmen zum Ziel gesetzt hatte, war in den 1970er-Jahren vom Kanzler mit der Anfertigung einer Studie über „Die Glücksbefindlichkeit der österreichischen Bevölkerung“ beauftragt und gemeinsam mit dem Legationsrat Tuzzi im „Interministeriellen Komitee für Sonderfragen“ tätig.

Es wäre unverzeihlich, über österreichische Sektionsräte zu schreiben, ohne Friedrich Ritter von Wiesner, ursprünglich Richter in Baden bei Wien und ab Ende 1913 Sektionsrat im „k. k. Ministerium des Äußern“, zu erwähnen. Er wurde nach dem Attentat auf den österreichischen Thronfolger am 28. Juni 1914 nach Belgrad gesandt, um zu untersuchen, ob die serbische Regierung in die Pläne über die Ermordung Erzherzog Franz Ferdinands und seiner Gemahlin Sophie Chotek, Herzogin von Hohenberg, eingeweiht gewesen war. Am 13. Juli 1914 berichtete Wiesner in zwei Telegrammen nach Wien.

Während die erste Depesche, aus der meist nur der letzte Abschnitt („Mitwisserschaft serbischer Regierungsleitung an Attentat oder dessen Vorbereitung und Beistellung der Waffen durch nichts erwiesen oder auch nur zu vermuten. Es bestehen vielmehr Anhaltspunkte, dies als ausgeschlossen anzusehen") zitiert wurde, den Eindruck vermittelt, dass die Attentäter ohne Kenntnis der serbischen Regierung gehandelt hätten, wird diese Aussage im zweiten Telegramm mit dem Hinweis auf die ihm vor seiner Abreise vom Hof mitgeteilten Absichten relativiert. Schließlich empfiehlt der Sektionsrat, die österreichischen Forderungen in Hinblick auf das gewünschte Ergebnis seiner Mission noch zu erweitern:

„Fortsetzung und Schluss./ Durch Aussagen Beschuldigter kaum anfechtbar festgestellt, dass Attentat in Belgrad beschlossen und unter Mitwirkung serbischer Staatsbahnbeamten Ciganović und Major Tankosić vorbereitet, von welch beiden Bomben, Brownings, Munition und Zyankali beigestellt. Mitwirkung Pribičevič nicht festgestellt und beruhen die ersten Meldungen hierüber auf bedauerlichem Missverständnisse erhebenden Polizeiorganes./ Ursprung Bomben aus serbischem Armeemagazin Kragujevac objektiv einwandfrei erwiesen, doch kein Anhaltspunkt dafür, dass erst jetzt ad hoc Magazinen entnommen, da Bomben aus Vorräten Komitadjis vom Krieg stammen können. Auf Grund Aussagen Beschuldigter kaum zweifelhaft, dass Princip, Cabrinović, Grabez mit Bomben und Waffen auf Veranlassung Ciganović von serbischen Organen geheimnisvoll über Grenze nach Bosnien geschmuggelt. Dieser organisierte Transport von Grenzhauptleuten Schabatz und Losnica geleitet und von Finanzwachorganen durchgeführt.

Wenn auch nicht festgestellt, ob diese Zweck Reise kannten, mussten selbe doch geheimnisvolle Mission annehmen./ Sonstige Erhebungen nach Attentat geben Einblick in Organisierung Propaganda Narodna Odbrana. Enthalten wertvolles verwertbares Material, das jedoch noch nicht nachgeprüft, schleunigste Erhebungen im Zuge./ Falls bei meiner Abreise bestandene Absichten noch bestehen, könnten Forderungen erweitert werden./ A) Unterdrückung Mitwirkung serbischer Regierungsorgane an Schmuggel von Personen und Gegenständen über Grenze./ B) Entlassung serbischer Grenzhauptleute Schabatz und Loznica sowie beteiligter Finanzwachorgane./ C) Strafverfahren gegen Ciganović und Tankosić/ Abreise heute abends, ankomme Wien Dienstag abends und begebe mich sofort Ministerium./ Mündliche Ergänzung Berichtes nötig."

Da jedoch bereits vor dem Eintreffen von Wiesners Telegrammen Anfang Juli am Ballhausplatz die Entscheidung für einen Krieg gegen Serbien gefallen war, erfolgte, ungeachtet der von Sektionsrat Wiesner geäußerten Zweifel, am 23. Juli die Überreichung des bekannten und für Serbien unannehmbaren Ultimatums an die Regierung in Belgrad. Dass Wiesner trotz der Missachtung seines enormen Engagements durch die Regierung in Wien zeitlebens ein glühender Verfechter des (kakanischen) Österreichs geblieben ist, verbindet den real existiert habenden Sektionsrat mit seinem literarischen Legationsratskollegen Tuzzi. Auch dieser verfolgte seinen Auftrag zur Rettung der Republik selbst dann noch beharrlich weiter, als seine Vorgänger in dieser Funktion schon den Verstand verloren und auch er bereits beträchtlichen körperlichen Schaden genommen hatte.

Johann Schwarz (gest. 1868), *Tuchscherermeister*, Friedhof St. Marx

LEUTE MACHEN KLEIDER, DIE LEUTE MACHEN

Von Tuchscherern und Schönfärbern

Die Tuchscherer waren Textilhandwerker und verantwortlich für den Prozess der Veredelung zu Feintuchstoffen. Somit stellten sie Spezialisten unter den Tuchbereitern dar, über die es in der „Oekonomischen Encyklopädie" von Johann Georg Krünitz heißt:

„Tuchbereiter heißen diejenigen Handwerker, welche die Arbeiten bei den Tüchern und tuchartigen Zeuge verrichten, die man das *Ausrüsten* des Tuches nennt, also das Walken, das Scheeren und Decatiren [...]. In jeder Tuchfabrik werden zu diesen verschiedenen Geschäften und Operationen auch verschiedene Arbeiter angestellt, die man hiernach entweder Tuchwalker, Tuchscheerer und Tuchpresser oder Decatirer heißt. Wird das Gewerbe der Tuchmacherei nicht im Großen und fabrikmäßig getrieben, sondern von einzelnen Handwerkern, Tuchmachern, so verrichten diese außer dem Geschäft des Webens in vielen Fällen auch das Walken des Tuches; es bleibt dann den Tuchbereitern nur das Scheeren und Pressen übrig, und sie heißen in diesem Falle oft nur *Tuchscheerer*."

Bei ihrer Tätigkeit verwendeten die Tuchscherer ursprünglich bis zu 18 Kilogramm schwere Tuchscheren, mit deren Hilfe sie feine, aus dem Tuch hervorstehende Wollfäden, die nach dem Spinnen oder Walken der Stoffe noch vorhanden waren, abschnitten und die Oberfläche auf diese Weise glätteten. Die Tuchscherer waren meist Angestellte der Tuchhändler und mussten in den aufkommenden Manufakturen oft unter unmenschlichen Bedingungen arbeiten. Dies führte zu ersten Arbeitskämpfen, wovon sich das Wort „Scherereien“ ableitet. Ab der Mitte des 19. Jahrhunderts wurden beginnend in Großbritannien zunehmend Schermaschinen eingesetzt.

Das „Neue Policey- und Cameral-Magazin: nach alphabetischer Ordnung, Band 3“ von Johann Heinrich Ludwig Bergius belegt die Bedeutung der Arbeit der Tuchscherer anschaulich: „Weil an der guten Zurichtung der Tücher gar viel gelegen, und der Tuchscherer ein sonst schlechtes Tuch durch gute Zurichtung sehr verbessern und verkäuflich, hergegen aber ein an sich selbst gutes Tuch durch üble Zurichtung verderben und unverkäuflich machen kann, so ist nötig, dass alle Tuchscherer und Bereiter, wenn sie Meister werden, endlich angeloben, dass sie [...]“[8]; es folgen 20 Punkte betreffend den Umgang mit den jeweiligen Tuchqualitäten.

Die Einhaltung von Qualitätskriterien bei der Erzeugung und Veredelung der Tücher wurde bereits Ende des 18. Jahrhunderts durch entsprechende „Gütesiegel“ sichergestellt, wie man der Gubernialverordnung in Böhmen von 1787 entnehmen kann: „Sämmtliche Tuchmacherzünfte werden auf die genaue Befolgung der Tuchmacherverordnung und besonders auf die vorgeschriebene Beschau umso mehr angewiesen, als solche durch die zum Besten für die Tuchmanufaktur eingeführte Vorschriften keineswegs aufgehoben, sondern nur diese Stemplung zur Sicherheit, daß die Waaren im Lande erzeugt sind, eingeleitet worden, und also bei der Landesstemplung die Qualität der Waaren zwar nicht zu beurtheilen, jedoch schon zu vermuthen ist, daß die Qualität vorher durch die in der Tuchmacherverordnung bestimmt, und nicht aufgehobene Zunftbeschau beurtheilet worden sei."

In Adolph Lehmanns Branchenverzeichnis für Wien (Jahrgang 1864) nehmen die Tuchscherer beinahe eine ganze Seite ein.

Obgleich als Handwerk eingestuft, ist die Seidenfärberei eher als Kunst zu betrachten. Dies legt jedenfalls die Beschreibung des Berufs des Seidenfärbers bei Krünitz nahe, in der es eingangs heißt: „Seidenfärberey: Fr. la Teinture en Soie, die Kunst der rohen Seide eine Farbe zu geben." Diese Einschätzung bestätigt Johann Heinrich Ludwig Bergius im bereits erwähnten „Polizey- und Cameral-Magazin": „Die Seidenfärber rechnen sich mehr zu den Künstlern, als zu den gemeinen Handwerkern. Sie haben daher mit den Schwarz- und Schönfärbern nichts zu schaffen." (Man merkt, die Schönfärberei war schon Ende des 18. Jahrhunderts übel beleumundet!)

Über deren Tätigkeiten heißt es bei Bergius im zweiten Absatz des Kapitels, das sich mit den Schönfärbern beschäftigt: „Sollen die Schönfärber keine als die von den Schaumeistern geschaute Tücher oder ganzes Wollenzeug färben, bei Strafe von 20 Reichstaler. Die halbwollene oder andere Zeuge aber dürfen sie färben, sie sind geschauet oder nicht", was den Verdacht nahelegt, dass die Schönfärber dazu neigten, auch andere als ihnen erlaubte Gewebe zu färben. Dies dürfte zum schlechten Image der Schönfärber und zu der noch heute gebräuchlichen Redensart geführt haben.

Allein, es dürften diese Unregelmäßigkeiten aber nicht zum Stillstand gekommen sein, sodass sich 1787 der Hof in Wien zu folgender Gubernialverordnung genötigt sah: „Nachdem wider die von einigen Schönfärbern und Tuchmachern unternehmende unächte Färbung der Tücher, nämlich mit Blauholz, Klage geführet worden, und derlei falsche Färbung dem Kredit der hierländigen Manufakturen und Fabriken sehr schädlich ist. So ist dieser Unfug unter Konfiskazionsstrafe sämmtlichen Schönfärbern und Tuchmachern zu Untersagen."[9]

Doch zurück zu den Seidenfärbern. Tatsächlich scheint viel Fingerspitzengefühl erforderlich gewesen zu sein, um den Seidenstoffen die gewünschte Farbschattierung zu geben. Krünitz ergeht sich in einer mehrere Seiten umfassenden Beschreibung der notwendigen Arbeitsschritte: „Vor dem eigentlichen Färbevorgang sind mehrere Kochungen notwendig. Die erste Kochung, die zur Erzeugung weißer Seide erforderlich ist, wird als Entgummien bezeichnet." Wer der Meinung ist, weiße Seide herzustellen sei simpel, der irrt: Weiß ist eben nicht gleich weiß. „Da es nun aber verschiedene Schattirungen im Weißen giebt, z. B. Weiß, mit einen Schimmer ins Gelbe, ins Blaue, ins Rothe etc., so muß der Färber solche auch, wie sie verlangt werden, zu geben wissen. Man unterscheidet in der Seidenfärberey fünfterlei Weiß oder fünf Arten von Weiß, nämlich *chinesisches Weiß*, Fr. *blanc de la Chine; Indisches Weiß*, Fr. *blanc des Indes; Zwirnweiß*, auch *Milchweiß* genannt, Fr. *blanc de fil ou blanc de lait; Silberweiß*, Fr. *blanc d' argent*, und *bläulicht Weiß*, Fr. *blanc azure*. Alle diese weißen Farben unterscheiden sich nur durch eine sehr schwache Schattirung, die aber doch dem Auge merklich ist, besonders wenn man sie mit einander vergleicht. Die drei ersten Arten von Weiß werden auf die schon angeführte Art von ihrem Gummi entlediget und gekocht. Um das Chinesische Weiß zu machen, giebt man demselben ein wenig Rocou in der Weißmachung, wenn es einen röthlichen Schimmer haben soll, sonst thut man nichts darein. Das Indianische Weiß hat weiter nichts nöthig, als durch die Weißmachung zu gehen, ausgenommen, wenn es einen bläulichten Schimmer haben soll. In diesem Fall giebt man ihm ein wenig Indigo. Mit dem Milchweiß ist es derselbe Fall, wie mit dem vorher angeführten Indianischen Weiß, es muß durch die Weißmachung gehen. Zu dem Silberweiß und dem bläulichten Weiß muß man etwas Blau in die erste Kochung thun, welches auf folgende Weise geschieht. Man nimmt vom besten Indigo, wäscht denselben mittelst warmen Wassers zwei- oder dreimal, stößt ihn dann in einem Mörser und gießt kochendes Wasser darüber. Man läßt alle groben Theile des Indigos zu Boden fallen, und sich setzen, und gebraucht nur das Klare, und dieses nennt man Blau. Von diesem Blau thut man in das Seifenbad, welches zur ersten Kochung bestimmt ist. Ein gewisses Maaß ist nicht bestimmt; denn ist die Seide nicht bläulicht genug, so erhält sie in der Weißmachung nachmals etwas Blaues. Zu dem Silber- und Bläulich-Weiß thut man auch in der zweiten Kochung etwas Blaues nach dem Augenmaße, wie in der ersten Kochung.

Will man die Seide hingegen färben, wird eine andere Form der Kochung durchgeführt: Man nimmt hier 15 bis 20 Pfd. Seife gegen 100 Pfd. harte Seide […] Wird die Seide bestimmt, blau, stahlgrau, schwefelgelb oder eine andere

Farbe anzunehmen, welche einen guten weißen Grund erfordert, so wird das Quantum an Seife erhöht, also 20 bis 25 Pfd. auf 100 Pfd. Seide, und man lässt es ebenfalls drei oder vier Stunden kochen. Soll die Seide eine Ponceau, Kirsch- oder eine andere rothe Farbe vom Saflor annehmen, so nimmt man 25 Pfd. Seife auf jede 100 Pfd. Seide zur Kochung, weil sie einen so weißen Grund dazu haben muß, wie diejenige Seide, welche weiß bleiben soll."

Verhältnismäßig früh dürften die ursprünglich selbstständig arbeitenden Seidenfärber zu Angestellten der Seidenerzeuger geworden sein. Im Jahr 1864 gab es jedenfalls laut dem Lehmann'schen Branchenverzeichnis in Wien zwar vier Seidendreher und mehrere Dutzend Seidenzeug-Fabrikanten, aber keine selbstständigen Seidenfärber mehr.

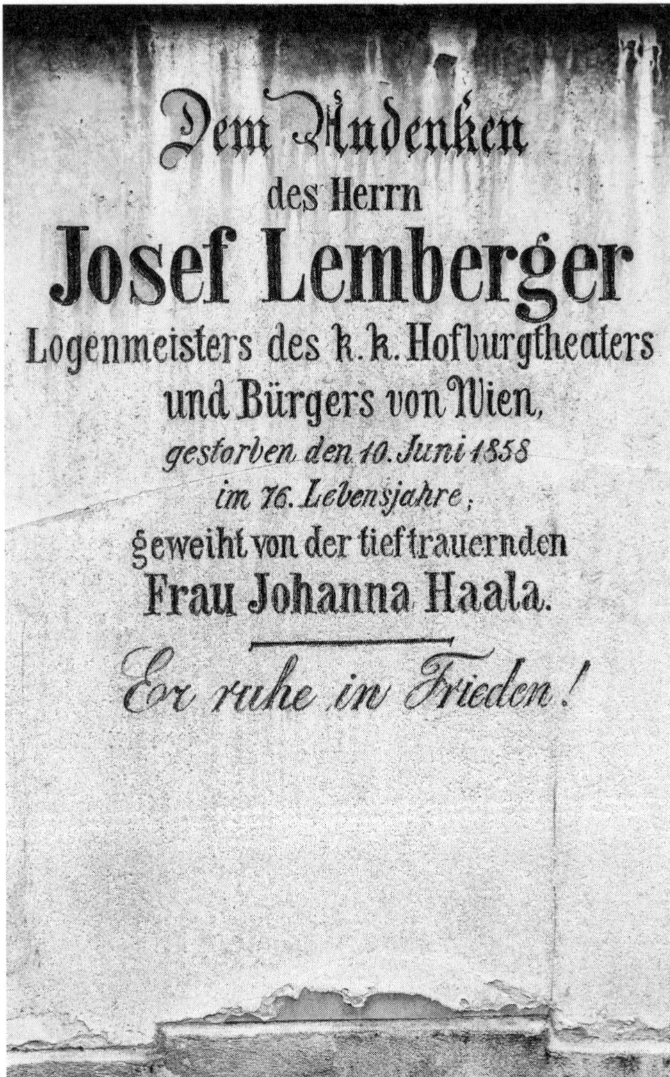

Josef Lemberger (gest. 1858), *Logenmeister des k. k. Hofburgtheaters*, Friedhof St. Marx

EINE LEGENDE AUF DER ANDEREN SEITE DES VORHANGS

Die Logenmeister

Josef Lemberger, *Logenmeister des k. k. Hofburgtheaters*, von dem eine Lithografie von Josef Kriehuber, einem der bestbezahlten Porträtisten des Biedermeier, existiert, starb am 10. Juni 1858 im 76. Lebensjahr. Sein Grab befindet sich am Friedhof von St. Marx.

Gibt man in eine Internet-Suchmaschine den Begriff „Logenmeister" ein, erhält man etwa 12.000 Einträge, die sich fast ausschließlich mit Freimaurerlogen sowie deren Vorsitzenden, auch Meister vom Stuhl oder Stuhlmeister genannt, befassen. Dieser Umstand verdeutlicht, wie wichtig es ist, Informationen aus dem Internet kritisch zu hinterfragen. Denn dass Herr Lemberger neben seiner beruflichen Tätigkeit im Theater auch eine tragende Rolle in einer Freimaurerloge ausgeübt hat, kann schon aufgrund der Tatsache, dass die Freimaurerei in der Habsburger Monarchie 1797 verboten und erst ein Jahr vor Lembergers Tod anlässlich des Ausgleichs mit Ungarn – allerdings nur in Transleithanien – wieder erlaubt worden war, ausgeschlossen werden. Er dürfte folglich zwar Meister gleich mehrerer (Theater-)Logen gewesen sein, ohne aber über den Weg von „Rezeption", „Beförderung" und „Erhebung" in diese Position gelangt zu sein.

Tatsächlich waren Logenmeister an den Wiener Hoftheatern fest angestellte niedere Beamte, die Vorgesetzte der

Logenschließer und für den reibungslosen organisatorischen Ablauf des Theaterabends verantwortlich waren. Man könnte sie somit als Vorgänger der heutigen Oberbilleteure bezeichnen. Die Logenmeister hatten allerdings weitreichendere Verantwortlichkeiten und Kompetenzen als ihre heutigen Kollegen. So vergaben sie beispielsweise Aufträge für den Druck von Textbüchern zu den jeweils gespielten Theaterstücken und Opern, die das Publikum auch bei ihnen erwerben konnte.

Im „Almanach fürs Theater" von August Wilhelm Iffland aus dem Jahr 1809 ist das „übrige zum k. k. Hoftheater gehörende Personale" des Jahres 1808 großteils namentlich verzeichnet: „Obercassirer Hr. Huber, Cassirer Hr. Distler, Controlleurs: Hr. Maier, Hr. Glambauer, Hr. Huber jun., Cassendiener Mayer, Zwey Logenmeister, 22 Billeteure."

Der erwähnte Herr Di(e)stler avancierte später zum Logenmeister des Hofburgtheaters und dürfte wohl, ähnlich wie Herr Lemberger, eine stadtbekannte Persönlichkeit des Wiener Theaterwesens gewesen sein. Andere Mitglieder der Familie Distler waren auf der Bühne erfolgreich: Joseph Anton Thomas Distler, ein Sohn des Logenmeisters, dessen Vorname nicht überliefert ist, war einer der Kinderstars der Theaterschule am Hofburgtheater. Der Katalog der Porträtsammlung der k. u. k. General-Intendanz der k. k. Hoftheater von W. A. Künast (1892) weist einen im Jahr 1760 in Wien geborenen und 1798 gestorbenen Herrn Distler „als Mitglied des Hauses von 1781–1783, dann Berlin bis 1784, etc." aus. Sein Bruder Johann Georg war Musiker und ein Schüler Joseph Haydns. Ihre Schwestern Elisabeth (geboren 1769, Sopranistin und Mitglied der

Wiener Hofoper) und Franziska waren als Sängerinnen erfolgreich.

Wenn im Zusammenhang mit Herrn Lembergers Berufstitel die Rede vom k. k. Hofburgtheater ist, so muss darauf hingewiesen werden, dass er 30 Jahre vor Eröffnung des heutigen Burgtheaters am Ring verstarb und demnach im „alten" Burgtheater am Michaelerplatz tätig gewesen ist. Das Gebäude, in dem es untergebracht war, war bereits 1540 vom nachmaligen Kaiser Ferdinand I. im unteren Lustgarten der Hofburg als Ballhaus erbaut worden, nachdem das alte Ballhaus 1525 einem Brand zum Opfer gefallen war. Bis zu Beginn des 18. Jahrhunderts wurde dort „Jeu de Paume" gespielt, ein Vorläufer des heutigen Tennis. Am 14. März 1741 erteilte schließlich Maria Theresia, die nach dem Tod ihres Vaters eine allgemeine Theatersperre angeordnet hatte, dem „Entrepreneur der königlichen Hofopern" und Pächter des 1708 errichteten Theaters am Kärntnertor, Joseph Karl Selliers, die Erlaubnis, das Ballhaus in ein Theater umzuwandeln. Gleichzeitig wurde ein neues Ballhaus in unmittelbarer Nähe errichtet, das dem heutigen Ballhausplatz seinen Namen gab.

Im Jahr 1748 wurde das neu gestaltete „Theater nächst der Burg" eröffnet. Am 17. Februar 1776 erklärte Kaiser Josef II. das Theater zum „Teutschen Nationaltheater". Hartnäckig hält sich die Ansicht, dass der „Volkskaiser" die Texte selbst klassischer Stücke von Shakespeare umschreiben ließ, um das Publikum vor revolutionären Tendenzen und negativen Strömungen zu bewahren. Tatsächlich hat man sich des Kaisers bekannter Abneigung gegen Grabes- und Totenszenen im Theater in vorauseilendem Gehorsam offenbar gerne gefügt. Allerdings war es zu jener Zeit nicht nur in Wien üblich, Stücke von allzu erschütternden Schreckensszenen zu säubern.

Trotz oder gerade wegen der teilweise massiven Verfremdung klassischer Stücke erfreuten sich die Wiener besonders an heimischen Lustspielproduktionen. Der Kaiser schrieb darüber an seinen Bruder Leopold: „Die deutsche Komödie mit Madame Sacco entzückt fortwährend die Wiener, und ich genieße die Früchte davon, da die Theaterkasse statt eines Defizits nur mehr Gewinn ausweist." Durch den Betrieb eines angeschlossenen Spielkasinos erhöhte Josef II. den Gewinn noch zusätzlich. „Dadurch, dass Josef das teutsche Theater auf eigene Rechnung übernahm, wurde dasselbe unabhängig von der größten Feindin des guten Geschmackes, der Mode; und nur dadurch erhielt es seinen unbefleckten Ruhm bis auf die neueste Zeit."[10]

Nach dem Tod Josefs II. im Jahr 1790 wurden seine Theaterreformen wie viele seiner anderen Neuerungen zurückgenommen. Die Theater wurden verpachtet und hatten fortan wieder mit finanziellen Schwierigkeiten zu kämpfen. Für das Burgtheater endeten diese im Jahr 1821, als es erneut in die Verwaltung des Hofes übernommen wurde.

Die Bedeutung des (Burg-)Theaters für (das kaiserliche) Wien lässt sich auch aus dem Umstand ableiten, dass die bereits 1735 von Joseph Emanuel Fischer von Erlach geplante Komplettierung des Michaelertraktes der Hofburg erst 1893 realisiert werden konnte, weil der Verwirklichung des Projekts das alte Burgtheater buchstäblich im Weg stand. Da das Kaiserhaus nicht auf das Theatervergnügen verzichten wollte (und auch das Geld meist knapp war), konnte mit der Fertigstellung der Hofburg erst begonnen werden, nachdem das neue Burgtheater am Ring errichtet worden war.

Eine Theaterloge, die zugegebenermaßen weltweit bekannter ist als die Logen des Burgtheaters, kam jahrzehntelang ohne die ordnende Hand eines Logenmeisters aus: jene im namenlosen Theater, in dem seit den 1970er-Jahren die Muppet Show über die Bühne ging. Dort saßen die grantelnden und zynischen Zwischenrufer Waldorf und Statler und waren die heimlichen Stars der Serie.

Johann Obermayer (gest. 1857), *k. k. Lotto Collektant und Tabak-Trafikant*, Friedhof St. Marx

GROSSES GLÜCKSSPIEL IM HAUSE HABSBURG

K. k. Lottokollektanten & Tabak-Trafikanten

Die auf dem Grab von Herrn Obermayer befindliche Berufsbezeichnung führt dem heutigen Betrachter den Umstand vor Augen, dass der Souverän (zu Lebzeiten Obermayers war dieser naturgemäß ein Habsburger) zwecks Füllung der Staatskasse stets die Triebe und Süchte seiner Untertanen zu nutzen wusste. Das „Genuss-" und Suchtmittel Tabak zum Beispiel wurde von Anfang an staatlich reguliert und besteuert, das Ziehen von Profit aus dem Spieltrieb der Bevölkerung war den katholischen Monarchen zunächst aber noch unmoralisch erschienen.

Im Jahr 1718 wurde durch den Wiener Magistrat eine Lotterie gegründet, von deren Ertrag zehn Prozent der Armenpflege zugutekommen sollten. Am 13. November 1751 führte Maria Theresia schließlich das „Lotto di Genova" in den Erblanden ein und stattete Conte Ottavio di Cataldi mit einem zehnjährigen Privileg zur Ausübung des Lottogeschäfts aus. Die erste Lottoziehung fand am 21. Oktober 1752 auf dem Augustinerplatz (heute Lobkowitzplatz) statt. Gezogen wurden die Zahlen 11, 26, 53, 74 und 81. Der erste Gewinner, der sich über die stolze Summe von 600 Dukaten freuen konnte, war der Schuhmacherlehrling Ulrich Huber. Später wurden die öffentlichen Ziehungen auf den Neuen Markt verlegt. Unter der Aufsicht von vier Beamten wurden aus einem Glücksrad fünf Nummern gezogen und die Gewinne gegen Vorweisung

des „Lottozettels“ in der „Mehlgrube“ [Gebäude am Neuen Markt; Anm.] ausbezahlt. Da das Geschäft zuerst nur sehr schleppend anlief, ließ sich Cataldi nach Ablauf der zehnjährigen Pachtfrist nur unter der Bedingung auf eine Verlängerung ein, dass den Untertanen das Spielen in ausländischen Lotterien unter Androhung von Geld- und Leibesstrafe verboten würde. Die Ursache für die Startschwierigkeiten lag wohl darin, dass es beim Adel und bei Offizieren vielfach noch als unehrenhaft galt, Lotto zu spielen. Die arbeitende Bevölkerung wiederum verfügte kaum über Spielkapital.

Am 31. März 1773 nahm Kaiser Josef II. das Lotto, das er anfänglich gänzlich einstellen lassen wollte, unter die Kontrolle des Staates, weil er auf diese Weise die Spielleidenschaft der Bevölkerung und den damit verbundenen Aberglauben unter Kontrolle zu bringen hoffte. Im Lotteriepatent vom 21. Oktober 1787 heißt es:

„Nachdem das dem Andrea Baratta und seiner Gesellschaft im Jahre 1777 auf das Lotto di Genova ertheilte, auf alle deutschen und ungarischen Erbländer, mit Ausschluß der österreichischen Vorlande, wie auch auf Galizien sich erstreckende Privilegium mit dem Oktober dieses laufenden Jahres zu Ende geht, haben Wir beschlossen, dieses Lotto auf Rechnung des Aerariums durch eine in Wien dazu bestellte Kammeraldirektion fortsetzen zu lassen."

Außerdem wurden behördliche Zuständigkeiten und Bestimmungen zur Ahndung von Betrugsversuchen definiert:

„§3 Die Verfälschung und Veränderung der Originalloose wird mit der in dem allgemeinen Strafgesetze auf Diebstähle und Trug verhängten Strafe beleget.

§4 Die Rechtsstreitigkeiten, in welche die Spieler mit den Lottokammern wegen eines Looses verfallen dürften, sind bei den Landrechten gegen die Kammerprokuratoren anzubringen.

§5 Es ist aber in solchen, und jeden anderen Fällen den Hauptbüchern der Lottokammern der nämliche Glaube, wie allen Haupt-, und Handbüchern anderer landesfürstlichen Aemter zuzugestehen.

§6 Uibringens wird, statt dass wie bisher die Wiener Stadtbank für die Pachtgesellschaft in Ansehen der

> richtigen Gewinnstbezahlungen Bürgschaft geleistet hat, künftig für alle Gewinnste das landesfürstliche Aerarium selbst die Gewähr leisten …"

Mit der steigenden Beliebtheit des Lottospiels stieg auch der Pachtzins. Im Jahr 1778 betrug er bereits 12.000 Gulden, die an das Universal-Kammerzahlamt abgeführt und teilweise an die Kassen der Armen-, Waisen- und Korrektionshäuser verteilt wurden. Kaiser Leopold II. soll im Gegensatz zu Josef II. selbst gern Lotto gespielt haben. Unter Franz II./I. ging die Lotterie in die Verwaltung des Staates über und ressortierte fortan im Finanzministerium, dem es zunehmende Einkünfte verschaffte.

Neben den Lottokollektanten, die hauptberuflich Trafiken betrieben, versorgten auch Loshausierer das Publikum mit Losen, wie man aus Nestroys „Lumpazivagabundus" weiß.

Bemerkenswert ist, dass gelegentlich Lottogewinne von Privatpersonen der Allgemeinheit zugutekamen. Der Wiener Johann Baptist Hoffmann war offenbar nicht nur Spieler der Warschauer Lotterie, sondern auch ein gottesfürchtiger Katholik. Als er im Jahr 1838 einen hohen Betrag gewann, finanzierte er damit den Neubau der Altmannsdorfer Kirche.

Die Gegner des Glücksspiels kämpften immer wieder gegen den Fortbestand des kleinen Lottos an, denn – so lautete eine ihrer Begründungen – „die Capitalbildung solle immer nur auf dem Wege der vermehrten Arbeitskraft fortschreiten, das Lottospiel ist kein geeignetes Mittel, den wirtschaftlichen Fortschritt zu begünstigen.

Überall, wo nicht das Zinserträgnis des Einkommens, sondern dieses selbst riskiert wird, ist die ökonomische Einbuße die wahrscheinlichste Folge. Selbst Gewinne, und wären sie noch so beträchtlich, gleichen dieselbe nicht aus, weil ein nicht durch Arbeit erworbenes Vermögen des moralischen Werthes entbehrt und überall dort, wo es nicht einem festen, soliden Unternehmen einverleibt wird, eben so leicht zerrinnt, wie es gewonnen wurde." Angesichts dieser Argumente fühlt man sich an die Mechanismen spekulativer Finanzprodukte erinnert. Der Unterschied zu den im 19. Jahrhundert kritisierten Umständen des Glücksspiels ist allerdings darin zu sehen, dass im Gegensatz zu den Spielen der Fondsmanager damals stets der Staat profitierte, wohingegen heute die Allgemeinheit oft die Verluste der Glücksritter im Nadelstreif abdecken muss.

Rudolf Augusta (1884–1948), *Trafikant*, Friedhof Gersthof

BESSER TITELHELD ALS SOZIALHILFEEMPFÄNGER

Trafikanten im Alten Wien

Herr Rudolf Augusta, geboren an Kaisers Geburtstag (18. August) des Jahres 1884, verstorben am 21. Juli 1947, war schlicht Trafikant und somit Inhaber einer Tabaktrafik. Für alle Nichtösterreicher: Eine Trafik (Betonung auf dem kurz gesprochenen i) ist ein kleines Geschäft, in dem man neben Tabak und Zigaretten auch Zeitschriften, Park- und Fahrscheine erwerben sowie Lotto spielen kann.

Die Berufsbezeichnung stammt laut J. G. Krünitz' „Oekonomischer Encyklopädie" aus dem Französischen: „Ein Spottname, Spitzname der Handelsleute, gleichsam Jemanden zu bezeichnen, der nur einen ärmlichen Handel treibt, mit alten Kleidern, altem Gerümpel etc. handelt; obgleich es auch im Französischen einen Handelsmann bedeutet, der mit besseren Waaren handelt, als die angeführten."

Einer der früheren Berufskollegen von Rudolf Augusta führte zu einer Zeit, zu der Trafikanten auch noch Stempelmarken „verschlissen", die schmucke Berufsbezeichnung eines *k. k. Tabak- und Stempelmagazinsverwalters.* Wer erinnert sich heute noch daran, dass man nicht nur auf Zeugnisse und andere Dokumente Stempelmarken kleben musste, um nachzuweisen, dass man die entsprechenden Verwaltungsgebühren gebührlich entrichtet hatte, sondern dass man bis in die 90er-Jahre des 20. Jahrhunderts sogar eine Stempelkarte für den privaten PKW

mitzuführen hatte, um die ordnungsgemäße Bezahlung der KFZ-Steuer nachzuweisen?

Schon frühzeitig erkannte man im Habsburgerreich das fiskalische Potenzial, das dem Verkauf von Tabak innewohnt. Der erste sogenannte „Appalt", also die entgeltliche Verpachtung des Exklusivrechts auf die Einfuhr, die Erzeugung und den Verkauf von Tabak, in den österreichischen Erblanden wurde 1662 von Erzherzog Ferdinand Karl für Tirol, Görz und Gradiška vergeben. Kaiser Leopold I. erließ 1701 ein Generalpatent für Österreich, wonach der Hofkammer als der höchsten staatlichen Finanzbehörde allein das Recht zustand, Befugnisse zum Verkauf von Tabak zu erteilen.

Mit dem Patent vom 11. März 1723 wurde von Kaiser Karl VI. die erste österreichische Tabakregie, die sogenannte „Kaiserliche Tabakmanufaktur", mit Fabriken in Hainburg und Triest gegründet. Infolge inkompetenter Leitung und schlechter Organisation warf die Tabakregie jedoch nicht den erwarteten Gewinn ab und wurde daher schon nach drei Jahren durch eine Generalverpachtung ersetzt; 1729 wurde das Tabakmonopol den Landständen überlassen. In der Regierungszeit von Maria Theresia wurde es ihnen jedoch wieder entzogen und neuerlich verpachtet, wobei seit 1775 die Buchführung der Pächter durch Hofkommissäre kontrolliert wurde und in der Folgezeit das Tabakgefälle allmählich in die staatliche Verwaltung hineinwuchs. Kaiser Josef II. erließ am 22. April des Jahres 1784 das Tabakpatent, dessen Bestimmungen 1835 Aufnahme in die Zoll- und Staatsmonopolordnung fanden, die seither die gesetzliche Grundlage für die Ausübung des Tabakmonopols bildet.[11]

Offenbar gab es rund um den Tabakhandel und dessen Verwaltung und Kontrolle immer wieder Unklarheiten und Missverständnisse, wie zahlreiche Hofdekrete und Verordnungen zeigen:

Das von Maria Theresia 1776 erlassene Gesetz Nr. 1852 ermahnt die Trafikanten zum Beispiel, ihre Umsätze redlich zu melden: „Die Handelsleute, Kaufleute, und Trafikanten sind, sobald sie von ihren Waaren, nach den Gattungen, und der Menge eine Gebühr entrichten, aus der Natur der Sache, auch nach deren Gattungen, und ihrer Menge, die Waaren anzusagen, oder sie beschauen zu lassen schuldig."[12]

In einer anderen Verordnung wird die missbräuchliche Verwendung von Tabak verboten: „Se. Majestät haben auf die gemachte Vorstellung wegen des Verbots, dem Militäre Rauchtabak zum Schnupfen zu zerreiben, zu entschließen geruhet, daß diese Zerreibung, oder andere Verwandlung des Rauch- und Schnupftabaks, wie vormals, strenge verboten sein soll."[13]

Ein angesichts der teilweise absurden Inhalte und Formulierungen vermutlich verwirrter Zeitzeuge dieser Gesetze war ein k. k. n. ö. Regierungsrat und pens. Caal. (Cameral) Tabak und Siegelgefällen Direktor namens Johann Adler Edler von Lilienbrunn (1741–1817), der am Friedhof von St. Marx seine letzte Ruhestätte gefunden hat.

Der Tabakverschleiß und seine Vertreter haben auch Eingang in die österreichische Literatur gefunden. In die Zeit der späten 1920er-Jahre führt Heimito von Doderer die Leser seines Romans „Die Strudelhofstiege", in dem einige der Protagonisten einen Tabakschmuggel aufziehen wollen. Der im Untertitel genannte Major Melzer ist ein ehemals in Bosnien stationierter Infanterieleutnant, der nach dem Ersten Weltkrieg mit dem Posten eines Amtsrates in der staatlichen Tabakregie versorgt wurde. Er verliebt sich in Editha Pastré, die mit seiner Hilfe und der ihrer eineiigen Zwillingsschwester Mimi einen illegalen Zigarettenhandel beginnen will. Unglücklicherweise läuft die ganze Aktion so dilettantisch an, dass sie misslingt.

Mit Robert Seethaler hat 2013 erstmals ein Autor einem Trafikanten auf die Titelseite eines Romans verholfen, indem er Herrn Otto Trsnjeks Trafik zum Ort der Begegnung zwischen dem jungen Franz Huchel aus dem Salzkammergut und dem alten Sigmund Freud aus der Berggasse gemacht hat. Schon beim Einstellungsgespräch erklärt der überzeugte Nichtraucher seinem Lehrling, dass „die Zeitungslektüre [...] überhaupt das einzig Wichtige [...] am Trafikantendasein [sei]“, dass man damit „etwas für Hirn und Horizont tun [könne]“.

Der Tabakhandel hat neben der fiskalpolitischen auch eine sozialpolitische Komponente, denn seit der Einführung des Tabakpatents wurden bei der Vergabe der Lizenzen für den Verkauf von Tabakwaren Kriegsinvalide, Soldatenwitwen und schuldlos in finanzielle Not geratene Beamte bevorzugt. Das Tabakmonopolgesetz von 1996 sieht in seinem Paragrafen 29 (Vorzugsrechte) diese Praxis noch immer vor und die Webseite der Monopolverwaltung liefert Erläuterungen zu den Vergaberichtlinien für Trafiken und die dabei herrschenden Vorzugsrechte:

„Nach den gesetzlichen Bestimmungen ist es nur möglich, sich um Verleihung einer bestimmten Tabaktrafik zu bewerben. Vormerkungen auf in Zukunft eventuell freiwerdende Tabaktrafiken gibt es nicht. Es besteht aber die Möglichkeit, sich als Interessent im Informationspool registrieren zu lassen, um damit die Möglichkeit zu erhalten, in regelmäßigen Abständen Informationen über Ausschreibungen usw. zu erhalten.

Zu besetzende Tabaktrafiken werden fallweise, auf unserer Homepage [...] und durch Aushang auf der Gemeindetafel zur Wiederbesetzung öffentlich ausgeschrieben. Zusätzlich veröffentlichen wir in der Wiener Zeitung sowie in den regional jeweils meistverbreiteten Tageszeitungen (z. B. ‚Kronen Zeitung' und ‚Heute' im Bereich Wien) Hinweise auf diese Ausschreibungen.

Um eine öffentlich ausgeschriebene Tabaktrafik kann sich während der Ausschreibungsfrist bei der jeweils zuständigen Monopolverwaltung jedermann bewerben, wobei Bewerber, die ein gesetzliches Vorzugsrecht haben, vor allen anderen Bewerbern bei der Vergabe der Tabaktrafik zu berücksichtigen sind.

Ein gesetzliches Vorzugsrecht haben Personen mit einem Grad der Behinderung von mindestens 50 %, festgestellt von einer Landesstelle des Sozialministeriumsservice.

Personen, die bei der Bewerbung um Tabaktrafiken ein gesetzliches Vorzugsrecht haben, können auch um die freihändige Verleihung eines bereits bestehenden Tabakfachgeschäftes ansuchen, wenn ausschließlich sie über das Trafikstammlokal verfügen und die Unterbringung oder Belassung der Tabaktrafik in dem angebotenen Lokal im Monopolinteresse liegt."[14]

Allein, die vom Gesetz intendierte Versorgung von Behinderten und sozial Benachteiligten wurde durch die Vergabe einer Trafikantenkonzession an ein Familienmitglied eines sozialdemokratischen Bundeskanzlers pervertiert. Bedingt durch die sukzessive Reduktion der Margen bei Rauchwaren und durch das Einbrechen des Zeitungsmarkts ist das Trafikantenleben außerdem deutlich unlukrativer geworden, sodass der ursprüngliche Gedanke der würdevollen wirtschaftlichen Absicherung von Bedürftigen solcherart kaum mehr umsetzbar ist und diese zu Sozialhilfe-empfängern werden.

Josefa Lang (gest. 1867), *k. k. Hof-Mundwäscherin*, Friedhof St. Marx

EINE HOFANGESTELLTE KOMMT INS FERNSEHEN

Was gibt es Neues von der k. k. Hof-Mundwäscherin?

Josefa Lang übte zu ihren Lebzeiten einen Beruf aus, der verhältnismäßig selten war. Dass er zwar nicht mit ihrem Tod im Jahr 1867, aber am 11. November 1918 ausstarb, liegt daran, dass sie ihre Profession am Kaiserhof ausübte. Josefa Lang verdiente ihren Lebensunterhalt als *k. k. Hof-Mundwäscherin.*

Diese eher exotisch und auch ein wenig unappetitlich anmutende Berufsbezeichnung hat naturgemäß zu allerlei Spekulationen über ihre tatsächliche Tätigkeit geführt. Erst vor wenigen Jahren erlangte Frau Lang postum kraft ihres Berufs sogar televisionäre Aufmerksamkeit: In der am 18. Jänner 2013 ausgestrahlten Folge der Ratesendung „Was gibt es Neues?" sollten die Kabarettisten, die das Rateteam bilden, herausfinden, welches Berufsbild sich hinter dieser kuriosen Bezeichnung verbirgt.

Die älteste bekannte Aufzeichnung betreffend die Obliegenheiten einer Mundwäscherin und ihrer Kolleginnen an einem österreichischen Hof findet man in der Hofordnung für den Hofstaat König Ferdinands I., herausgegeben im Jahr 1527 zu Wien. Darin heißt es:

„§ 70 Leibweschin: Die soll auf den Obristen Kammerer ihr Aufsehen haben und soll königlicher Majestät ihr Leibgewand fleissiglich waschen und Woll versehen, auch sonst kein anderer Gewand mitwaschen. Und der soll gehalten werden ein Magd, und ein Monet auf sie und der Magd Besoldung acht Gulden gegeben werden.

§ 71 Dazu soll noch sein eine Mundweschin, die das Gewand in der Silberkammer waschen soll, gehalten; der sollen gegeben werden des Monat sechs Gulden. Dies Artikel soll dem Silberkammerer zugestellt werden.

§ 72 Die oben beschriebenen Personen all sollen ihr Aufsehen auf den Obristen Hofkammerer haben."

Weitere Einzelheiten zur Organisation des Hofstaates im Allgemeinen und zum Beruf der Mundwäscherin im Speziellen teilt uns das Buch „Leopolds des Großen, Römischen Kaisers, wunderwürdiges Leben und Taten"[15] mit:

„Die vornehmen Ministri sind: der obriste Hofmeister, sodann der obriste Kämmerer, nach diesem der obriste Hofmarschall und endlich der obriste Stallmeister. Der ganze übrige Hofstaat wird in diese vier hohe Ämter eingeteilt, wie hernach folget. Es ist aber anbei zu merken, dass wann ein Kaiser mit Tode abgehet, alle Bedienten des ganzen Hofes, sogleich ihrer Dienste entlassen seien, und der neue Kaiser nimmt sodann diejenigen, welche ihm belieben, erst wiederum an. Der einzige Reichs-Vizekanzler bleibt in seinen Diensten unverruckt …"

Dieser Hinweis zeigt, dass im Reich der Habsburger ähnlich wie heute in den Vereinigten Staaten von Amerika mit dem Tod des Staatsoberhauptes respektive der Abwahl des Präsidenten auch der Hofstaat beziehungsweise die Administration um ihre Weiterbeschäftigung durch den Nachfolger des Souveräns bangen musste.

Zurück zur Mundwäscherin: Zur Zeit Kaiser Leopolds

waren im Jahr 1705 „am Waschhause“ des kaiserlichen Hofes eine Leib- und Mundwäscherin, die jährlich 820 Gulden verdiente, eine Tafelwäscherin, der 2.000 Gulden zustanden, und eine Edelknaben- und Offizierswäscherin, deren Salär 800 Gulden betrug, angestellt. Zum Vergleich: Als Obrister Hofmeister fungierte zu dieser Zeit Ferdinand Bonaventura, Graf von Harrach, der „den ganzen Hof zu kommandieren hatte“, wofür eine Besoldung von 6.200 Gulden vorgesehen war. Quasi als Boni oder Diäten waren vorgesehen: „in gleichen für die freie Tafel, so erhält 12.000 Gulden“.

Um 1860 arbeiteten in der Hofwäschekammer neben der Mundwäscherin eine Oberwäschmeisterin mit zwei

Gehilfinnen, eine Leinwäschmeisterin, der eine Hilfskraft zur Verfügung stand, sowie je eine Tafel- und eine Küchenwäscherin. Die Mundwäscherin verdiente laut Besoldungslisten des Obersthofmeisteramtes im Jahr 1859 1.575 Gulden pro anno, was für damalige Verhältnisse eine stolze Summe war. Zum Vergleich: Franz Grillparzer erhielt im Jahr 1814 als Angestellter der „Bankalgefällen-Administration" ein Adjutum von 300 Gulden jährlich. Dieses unverhältnismäßig hohe Einkommen von Joesfa Lang ist nach Einschätzung von Historikern möglicherweise dadurch zu erklären, dass sie als Subunternehmerin an den Waschtagen selbst zusätzliche Hilfskräfte einstellen und bezahlen musste.[16]

Den Beruf der mittlerweile gleichsam bürgerlichen Mundwäscherin scheint es in Deutschland noch oder wieder zu geben. Matthias Schwehm, ein deutscher Persönlichkeitstrainer, nicht zu verwechseln mit dem Personal Trainer (auch diese Berufsbezeichnungen werden in Zukunft als skurril wahrgenommen werden, so sich bis dahin schriftlich tradierte Quellen dazu noch finden lassen werden), bietet im Sommersemester 2015 ein Seminar mit dem Titel „Selbstbewusstsein stärken, Mundwäscherin, wozu?" an. Auf der entsprechenden Internetseite heißt es dazu: „Immer mehr Menschen haben das Gefühl, in ihrem Leben zu kurz zu kommen oder ihr Leben gar nicht wirklich zu leben. Eventuell trifft dies auch auf solche mit dem Beruf Mundwäscherin zu. Ein schwaches Selbstbewusstsein kann die Ursache sein. Wer als Mundwäscherin nicht selbstbewusst genug ist, läuft Gefahr, sich unter Wert zu verkaufen oder ‚Ja!' zu sagen, obwohl man ‚Nein!' denkt. Das frustriert und kostet wertvolle Lebensenergie, im Extremfall kann es sogar zu einem Burn-Out als Mundwäscherin führen. Um dieser Zwickmühle zu entkommen, wurden Angebote zum Selbstbewusstseinstärken in verschiedenen Veranstaltungsformen und mit unterschiedlichen Schwerpunkten auch für Menschen mit dem Beruf Mundwäscherin konzipiert."

Na dann, Mahlzeit!

Gedenktafel am Michaelerplatz, Café Griensteidl

VON SEHENDEN UND BLINDEN KRIEGERN

Ein Oberfeuerwerker und ein weltkriegsblinder Generalmajor

Auf den Berufstitel oder – wie sich später herausstellte – den Rang des Johann Pollet bin ich durch eine ihm zu Ehren angebrachte Gedenktafel gestoßen. Steht man auf dem Michaelerplatz vor dem Gebäude, an dessen Stelle sich einst das Palais Dietrichstein-Herberstein befand, und das seit einigen Jahrzehnten wieder das Café Griensteidl beherbergt, hebt ein wenig den Blick und wendet sich Richtung Herrengasse, sieht man eine Bronzetafel mit folgender Inschrift: „Vor dem Burgtor widersetzte sich am 13. März 1848 der Oberfeuerwerker Johann Pollet mit Gefahr seines eigenen Lebens dem Befehle die Kanone gegen die Volksmenge abzufeuern.“ Als gelernter Österreicher vermutet man in der Person Pollets zunächst eines der (zu) seltenen, hervorragenden Beispiele militärischen Ungehorsams, das geeignet war, unschuldige Zivilisten zu schützen. Allerdings nimmt die Bezeichnung „Oberfeuerwerker“ im Zusammenhang mit Kanonen und Befehlsverweigerung wunder. Tatsächlich handelt es sich in diesem Fall nicht um eine altertümliche Berufsbezeichnung für einen erfahrenen Pyrotechniker, sondern um einen militärischen Rang in der Artillerie der k. u. k. Armee.

Johann Pollet wurde am 7. März 1814 in Prag geboren und trat im Alter von 18 Jahren als Unterkanonier in das 1. Feldartillerie-Regiment ein, in dessen Bombardier-Corps er seine Artillerieausbildung absolvierte. Nach fünf Jahren wurde er zum *Feuerwerker* und 1844 zum *Oberfeuerwerker* befördert. Diesen Rang bekleidete er im Revolutionsjahr 1848, als er am 13. März mit der 4. Kompanie seines Corps zur Verteidigung der Hofburg vor den aufständischen Wienern mit zwei Geschützen im Bereich des heutigen Michaelertors in Stellung ging.

Was dann geschah, schildert Richard Perger in Felix Czeikes „Historischem Lexikon Wien" (1995) wie folgt: „Den ihm von Erzherzog Maximilian von Este erteilten Befehl befolgte Pollet nicht, sondern stellte sich, als der Erzherzog auf dem Befehl beharrte, demonstrativ vor das Geschütz, worauf das Feuern in die Menge unterblieb. Für sein Verhalten wurde Pollet von den Revolutionären als Held gefeiert; erwiesen ist hingegen, dass Pollet dem Befehl nicht aus ideellen Gründen Widerstand leistete, sondern weil Erzherzog Maximilian in der Armee keine Befehlsgewalt besaß und Pollet nur von militärischen Vorgesetzten Befehle entgegen nehmen durfte [Erzherzog Maximilian war damals 15 Jahre alt und noch nicht Korvettenkapitän der k. u. k. Kriegsmarine; Anm.]. Dass er keine Befehlsverweigerung begangen hatte, beweist seine weitere Karriere (auch Belobigung während des Feldzugs in Ungarn 1849)."

Noch im April 1848 wurde der Oberfeuerwerker außertourlich zum Leutnant befördert, 1849 avancierte er zum Oberleutnant und 1854 zum Hauptmann. Außerdem wurde ihm das Militärverdienstkreuz verliehen. Im Jahr 1860 schließlich wurde Johann Pollet „fast dem Wahnsinn nahe" pensioniert. In diesem Zusammenhang ist es bemerkenswert, dass der brave Oberfeuerwerker lange nach seinem

Ableben am 13. September 1872 kraft der einleitend erwähnten, an ihn erinnernden Gedenktafel, die erstmals 1928 angebracht wurde, von verschiedenen politischen Kräften für deren jeweilige Zwecke instrumentalisiert wurde. Je nach ideologischem Zeitgeist wurde nämlich die Tafel 1934 abmontiert, 1948 wieder angebracht, später nochmals entfernt und anlässlich der Renovierung des Gebäudes Michaelerplatz 3 im Jahr 1990 (vorerst) endgültig befestigt.

Im Gegensatz zu Johann Pollet, der am Beginn seiner soldatischen Laufbahn im übertragenen Sinn sehenden Auges ein Blutbad an Zivilisten vermeiden half, war Franz Benedik (geboren am 2. Dezember 1861 in Wessely, Bezirk Ungarisch Ostra in Mähren, gestorben am 10. Jänner 1943 und bestattet am Friedhof von Neustift) am Ende seiner militärischen Karriere im buchstäblichen Wortsinn ein blinder Generalmajor; und zwar nicht nur ein kriegsblinder, sondern – wie die Inschrift auf seinem Grabstein bekundet – ein weltkriegsblinder.

Für die im Vergleich zu früheren militärischen Konflikten deutlich höhere Anzahl an Erblindungen von Soldaten im Ersten Weltkrieg war die sich bald nach Kriegsausbruch

Franz Benedik (1861–1943), *weltkriegsblinder Generalmajor*, Friedhof Neustift

einstellende veränderte Kampfweise hauptverantwortlich. Denn bis in die ersten Monate des großes Krieges hinein wurden Angriffe aufrecht stehend respektive hoch zu Ross sitzend ausgeführt und der Nahkampf wurde mittels Bajonett, Pistole oder Säbel ausgetragen. Die Einführung von automatischen Waffen und der verstärkte Einsatz von Minen, Granaten und Splittergeschossen führte dazu, dass Schützengräben ausgehoben wurden, aus denen schließlich meist nur die Köpfe der Soldaten sichtbar und damit anvisierbar waren, sodass Gesichts- und Augenverletzungen häufiger auftraten. Daher kam es im Lauf des Ersten Weltkrieges bei rund sechs Prozent der Verwundungen zu Augenverletzungen, was dazu führte, dass 1,2 Prozent der Soldaten erblindeten. Entgegen anders lautenden Vermutungen führte der Einsatz von Senfgas und anderen Giftgasen zwar häufig zu starken Bindehautreizungen, aber nur sehr selten zum Verlust des Augenlichts.

Neben den geschilderten organischen Ursachen für Erblindungen, die im Zusammenhang mit Kampfeinsätzen aufgetreten waren, sind auch psychische Faktoren als Auslöser zu erwähnen. Die sogenannte psychogene Amaurose wurde erstmals im Ersten Weltkrieg bei Armeeangehörigen beobachtet; seelisch bedingte Störungen der visuellen Wahrnehmung traten und treten auch bei Soldaten im Korea-, Vietnam- und Kambodscha-Krieg gehäuft auf, wiewohl auch schulische, erotische und religiöse Konflikte und Traumata Auslöser dieser Form der Erblindung sein können. Auch Adolf Hitler soll nie geklärten Gerüchten zufolge gegen Ende des Ersten Weltkrieges vorübergehend an einer solchen Sehstörung gelitten haben. In „Mein

Kampf" erwähnt er eine temporäre, schmerzhafte Erblindung, derentwegen er Ende November 1918 nach einem Senfgas-Angriff in Flandern ins Reservelazarett Pasewalk eingeliefert worden sei. Als er, bereits am Weg der Genesung, Kenntnis von der Novemberrevolution und der Kriegsniederlage erhalten hatte, hätte sich, seinen eigenen Angaben zufolge, eine zweite Erblindungsepisode eingestellt.

Jedenfalls handelt es sich bei der psychogenen Amaurose entweder um eine Somatisierungsstörung mit Ausgestaltungstendenz oder um eine Konversionsstörung mit Unwandlung einer starken seelischen Erregung in somatische Symptome. Ähnlich wie „Kriegszitterer" wurden die organisch gesunden Kriegsblinden anfänglich als Simulanten bezeichnet.

Im Fall des weltkriegsblinden Generalmajors (Rangklasse V, ein silbergestickter Stern auf einer 33 Millimeter breiten Goldborte am Kragen) ist die Ursache der Erblindung, die ihn „auch zu jedem Landsturmdienste ungeeignet" machte und am 1. Mai 1915 zur Pensionierung führte, ebenso unbekannt wie die Antwort auf die Frage, ob er zu Beginn des Krieges zu den vielen zählte, die in blinder Kriegsbegeisterung gar nicht schnell genug an die Front kommen konnten. Ebenso unklar ist, ob Benedik nach dem Verlust seines Augenlichts jemals unter den Kunden von Paul Asprion (1898–1949), *Spezialist für künstliche Augen*, Friedhof Ober St. Veit, war und ob er Erleichterung darüber verspürte, dass ihm der Beginn des zweiten großen Krieges des 20. Jahrhunderts wenigstens optisch erspart geblieben ist.

Viktor von Joly (1879–1961), *k. u. k. Korvettenkapitän*, Friedhof Hietzing

EIN MARINEANGEHÖRIGER ALS LEIBHAFTIGE ALLITERATION

Der k. u. k. Korvettenkapitän

Dem im österreichischen Staatsarchiv aufliegenden Personalakt des nachmaligen Korvettenkapitäns kann man entnehmen, dass dessen vollständiger Name Viktor Josef Rudolf Ritter von Joly lautete und dass er am 22. März 1879 geboren wurde. Und zwar – wie es sich gehört – in der Hafenstadt Pola in Istrien und als Sohn des k. u. k. Linienschiffskapitäns Julius Ritter von Joly (1837–1886) und Pauline von Joly, geb. von Lipka (1854–1937), deren Grab sich am Zentralfriedhof in Wien befindet. Der mutmaßliche Großvater, Oberst Emil Ritter von Joly, befehligte im Jahr von Viktors Geburt das 15. Infanterie-Regiment „Adolph, Herzog zu Nassau". Weiters erfährt man bei der Lektüre der Rubrik „Persönliche Verhältnisse, Erziehung und Studien vor dem Eintritte in die k. u. k. Kriegsmarine", dass Joly als Internatsschüler „auf einem Teufenbach'schen Stiftsplatz"[17] vier Klassen am k. k. Theresianum Gymnasium in Wien und anschließend vier Jahre an der Marineakademie in Fiume, wo er „mit einem ganzfreien Ärarialplatz beteilt war", absolviert hat. Einem Marinekommandotelegramm vom 27. Februar 1897 zufolge wurde Joly zum Seekadetten 2. Klasse ernannt, „Prüfungsergebnis – Rang mit gutem Erfolg als der 18. des IV. Jahrgangs ausgemustert". Unter „Privatverhältnisse" findet sich der lapidare Eintrag: „Kein Vermögen." Ein Umstand, der die (staatlich) geförderten Ausbildungsplätze erklärt.

Im Lauf seiner weiteren militärischen Karriere wurde Viktor von Joly am 19. Dezember 1900 zum Seekadetten 1. Klasse, bereits sechs Monate später zum Fregattenleutnant und trotz kleiner Unfälle und Havarien („Verlust des Steuers und Beschädigung der Propellerflügel des SM [Seiner Majestät; Anm.] Bootes ‚Gaukler' durch größere Fahrt über Heck") am 1. Mai 1908 zum Linienschiffsleutnant befördert. Joly absolvierte 1901/1902 den Torpedooffizierskurs und 1914 den höheren Offiziersartilleriekurs mit sehr gutem Erfolg. Er diente zunächst als Navigationsoffizier, später als Kommandant von Torpedobooten und versah im Ersten Weltkrieg drei Jahre lang Dienst auf dem Schlachtschiff „Radetzky", wo er unter anderem als „Kommandant der linken 24cm-Türme" an der erfolgreichen Beschießung der Lovćen-Batterien teilgenommen hat. Am 1. November 1917 erfolgte die Beförderung zum Korvettenkapitän und somit in den Rang eines Stabsoffiziers. Viktor von Joly war Träger des Ordens der Eisernen Krone und befand sich zwei Monate in italienischer Kriegsgefangenschaft.

Dem privaten Kriegstagebuch des Korvettenkapitäns und damaligen Kommandanten von Seiner Majestät Schiff „Reka" verdankt die Nachwelt ein Zeugnis der Bestürzung, die die k. u. k. Kriegsmarine erfasste, als am 10. Juni 1918 ihr neuestes Schlachtschiff, der „Szent István", bereits wenige Stunden nach dem Auslaufen zu seinem ersten Kampfeinsatz torpediert und versenkt wurde: „Der Szent István ist torpediert und gesunken! Dies das traurige Ende unserer nicht durchgeführten Aktion [...] Allerdings hat man ja schon Tage vorher von einer bevorstehenden Aktion gesprochen, hier in der Bocche [Erg.: di Cattaro] hieß es schon vor 5 bis 6 Tagen, dass die I. Division herunterkommt. Und in Pola wird man es auch schon lange gewusst haben. Zu was auch das Einberufen aller vom Urlaub, das Ausschiffen des Materials und alle diese Vorbereitungen? Ja, sind wir denn nicht immer gefechtsbereit? Es scheint wirklich, dass man da mit ‚Nein' antworten muss! […] Es ist ein schwerer, ernster Schlag für uns! […] Jetzt werden sie drüben Feste feiern. Nun ist's für lange Zeit nichts mit großen Aktionen. Dass Horthy [Miklós Horthy, damals Flottenkommandant und später Reichsverweser von Ungarn; Anm.] diese abgebrochen hat, sehe ich ein, denn da außer dem Verlust des Szent István auch an vielen Stellen U-Boote als gesichtet gemeldet wurden, ist es klar, dass der Feind von der Absicht einer Aktion unsererseits wusste und wohl seine Gegenmaßregeln ausreichend getroffen hat, um uns ein Debacle zu bereiten. Traurig für Horthy, dass seine erste Unternehmung so ausging! Und Seitz hat Pech!"[18]

Als 40-Jähriger begann Viktor von Joly nach Kriegsende ein Studium an der Handelsakademie in Wien und „trat 1920 in die Firma seines weitschichtigen Verwandten, väterlichen Freundes und Gönners Willy Ofenheim aus der Dynastie Arnsteiner-Herz-Eskeles ein. 1928/1929 lässt ihm dieser von Prof. Leopold Bauer das Haus in Wien 13, Braunschweiggasse 12, bauen. Ursprünglich gehörten alle Gründe in der Braunschweiggasse bis zur Auhofstraße den Freiherren von Eskeles. Nach Ofenheims Tod 1932 tritt Viktor aus der Firma aus, die vorwiegend im osteuropäischen Ölgeschäft tätig war."[19]

Die Villa Joly ist auch Gegenstand eines Beitrags in Gerhard Weissenbachs Architekturführer für Hietzing:

„Das für die dreiköpfige Familie eines ehemaligen k. k. Marineoffiziers, des Korvettenkapitäns Victor von Joly, [in der Braunschweiggasse 12; Anm.] errichtete Haus mag vom Bauvolumen her durchaus nicht die bedeutendste Arbeit L. Bauers sein; Einblick in das architektonische Denken des Otto-Wagner-Schülers, der nicht nur durch seine Bauwerke Bedeutung erlangte, sondern auch wichtige Essays zu Architektur und Sozialpolitik verfaßte, kann es aber dennoch geben.

Seine Auffassungen vom Bauen wandelten sich des Öfteren. Nachdem er sich vom Jugendstil und Otto Wagner losgesagt hatte, verschrieb er sich keinem speziellen Stil, vielmehr wurde er Anhänger einer Art von ‚architektonischem Darwinismus', d. h. er hielt die Formen und ästhetischen Prinzipien, welche sich im Laufe der Zeit immer wieder als zweckmäßig erwiesen hatten, eines Fortbestandes und einer Entwicklung für fähig. Seine Bauten wirken bisweilen wie aus einer Vielfalt von Gestaltungselementen zusammengesetzt.

Auch an der vorliegenden Villa wird dieses Prinzip offenbar, obwohl hier ein starker Wille zur Ganzheitlichkeit spürbar ist. 1995 wurden zwei Drittel der Dachterrasse überbaut. Die so entstandenen hellen Räume dienen als Galerie für einen Kunstverlag."[20]

Unter den Angehörigen der österreichisch-ungarischen Kriegsmarine, die zu Korvettenkapitänen befördert worden waren, gab es einen, dem dieser Rang nachweislich mehr Verdruss als Freude bereitete. „Mein Weg hat Dornen, ich bin bloß Corvetten-Capitän, der letzte im Rang von allen aktiven Erzherzögen", schrieb der 22-jährige Erzherzog

Ferdinand Maximilian, der spätere Kaiser von Mexiko, am 20. Juli 1854 in einem Brief an seinen Bruder Carl Ludwig. Obwohl er – nicht zuletzt dank der Intervention seiner Mutter, der Erzherzogin Sophie, beim Kaiser – innerhalb von zwei Monaten zum „Conter-Admiral“ und „Ober-Commandanten der Marine“ ernannt wurde, haderte der zweitgeborene Maximilian stets mit seinem Schicksal. Wie die Geschichte gezeigt hat, konnte er sich selbst an seiner Kaiserwürde nicht lange erfreuen.

Hans Schmalzl (1895–1915), *Seekadett und Marineflieger*, Friedhof Döbling

FLIEGER MIT UND OHNE FLUGERFAHRUNG

Der Seekadett im Flugboot

Johann Schmalzl, geboren am 13. Juni 1895 in Wien, trat am 1. September 1913 als „Seeaspirant“ in die k. u. k. Kriegsmarine ein. Seinem „Qualifikationsgrundbuchsheft“ ist unter der Rubrik „Persönliche Verhältnisse, Erziehung und Studien vor dem Eintritt in die k. u. k. Kriegsmarine“ zu entnehmen, dass sein Vater Fabrikant, Kammer- und Hoflieferant gewesen ist und dass Johann seine Reifeprüfung an der Landesoberschule in Waidhofen an der Ybbs mit Auszeichnung absolviert hat. Beim Eintritt in die Kriegsmarine war Johann Schmalzl ledig. Ende 1914 wurden dem Seekadetten „gute seemännische Geschicklichkeiten“ bestätigt und in seiner Qualifikationsliste vermerkt, dass er „[gut] mit Booten [manövriert]“. Am 1. Februar 1915 ist Schmalzl zum „Seekadetten“ ernannt und zu einer vierjährigen Präsenzdienstleistung verpflichtet worden. Unter „Veränderungen in den Daten der nachfolgenden Rubriken des Qualifikationsgrundbuchheftes des k. u. k. Seekadetten Johann Schmalzl im Jahre 1915“ ist bei „Dekorationen, a) inländische“ vermerkt: „Silberne Tapferkeitsmedaille 1. Kl.“. Unter der Überschrift „Kriegskampagne, Leistungen und Verdienste vor dem Feinde“ steht zu lesen: „1915: als Wachfähnrich auf S.M.S. [Seiner Majestät Schiff; Anm.] Tegetthoff“. Ab dem 14. April 1915 wurde er als Beobachtungsoffizier bei der k. u. k. Seeflugstation Pola eingesetzt. Interessanterweise findet sich im gesamten Personalakt kein Hinweis darauf, dass Schmalzl irgendeine Form von fliegerischer Ausbildung zuteil geworden wäre. Warum und unter welchen Umständen der mit den Worten „sehr eifrig mit gutem Erfolge, viel Interesse für das Seewesen" beschriebene Wachfähnrich am 7. August ein Flugboot bestieg, erhellt sich indes nicht. Wenige Worte beschreiben im Personalakt den Tod des Zwanzigjährigen. In der Rubrik „Unfälle und Havarien" ist vermerkt: „Am 7. August 1915 mit Seeflugzeug L 44 bei Comisa [Hafen auf der Insel Lissa, 1866 Schauplatz der siegreichen Seeschlacht unter Admiral Tegetthoff; Anm.] verunglückt." Der letzte, mit roter Tinte vorgenommene Eintrag im Akt lautet: „Ausser Stand gebracht als am 7.8.15 bei Lissa in See verunglückt."

Die Donaumonarchie eröffnete bereits 1911 die erste Seeflugstation in Pola, wo zunächst vier noch unbewaffnete „Flugapparate" französischer Bauart stationiert wurden. Als der Erste Weltkrieg ausbrach, verfügte die k. u. k. Marine bereits über zehn Flugboote, die dann sukzessive bewaffnet wurden. Im November 1914 wurde der erste Nachtangriff geflogen. Ende des Jahres 1915 verfügte die Marine über 65 Maschinen, die mittlerweile von den Lohner-Werken gefertigt wurden und sich durch hervorragende Flugeigenschaften auszeichneten.

Zeitgenössische Zeitungsmeldungen geben ein Bild vom Kampf der österreichischen (Marine)-Flieger:

„Vom Flieger Hans Wannek, der bekanntlich als k. u. k. Feldpilot die Fliegerpost aus der von den Russen belagerten Festung Przemyśl besorgt, ist endlich wieder [...] eine Nachricht bei seinen Eltern in Linz eingelangt. Der junge

Aviatiker teilt mit, daß sein Flug nach Ungarn im Dezember glatt verlaufen und er wieder glücklich in der Festung gelandet sei. Dann schildert der kühne Flieger auf zwei Feldpostkarten seine Tätigkeit in Przemyśl wie folgt: ‚Bis zum heutigen Tage (12. 1. 1915) habe ich hier in der Festung 25 Flüge in der Dauer von je 2–5 Stunden absolviert. Die größte Kälte, welche wir bis jetzt hatten, war oben 25–30 Grad Minus. Am 16. Dez. 1914 wurde ich nebst noch zwei anderen meiner Fliegerkollegen vom Armeeoberkommando auf radiotelegraphischem Wege für besonders wertvolle Aufklärungsflüge belobt.

Am 25. Dezember wurde ich vom G. d. I. Kusmanek zum Feuerwerker (Feldwebel) befördert. Ich fliege hier abwechselnd auf zwei verschiedenen Apparaten: einem Aviatikdoppeldecker, welcher mit Maschinengewehr und Scheinwerfer ausgerüstet ist, und einem Albatrosdoppeldecker. Soviel ich weiß, bin ich der jüngste Flieger

in der österreichischen Armee und habe die meisten Flüge über dem Feinde gemacht. Bis jetzt habe ich etwa 5000 km über den Russen zurückgelegt.' – Flieger Wannek ist bekanntlich in russischer Gefangenschaft."

„Heldentat eines Feldpiloten. Vom Presseamt des Kriegsministeriums wird mitgeteilt: Feldpilot Zugsführer Kurt Gruber der k. u. k. Luftfahrttruppe, Fliegerkompagnie Nr. 1, hat am 14. April 1916 bei einem Fliegerkampf durch tollkühnes Heranfliegen an einen feindlichen Farman-Doppeldecker bis auf 30 Meter trotz dessen Maschinengewehrfeuer und unerschrockenes Kreuzen über und unter demselben ermöglicht, daß der Beobachter mit Schüssen aus dem Karabiner den feindlichen Piloten tötete und verfolgte. Trotz mehrerer Treffer im eigenen Apparat, wovon einer eine Strebe knickte, verfolgte Feldpilot Gruber den vom ebenfalls verwundeten Beobachter gesteuerten beschädigten feindlichen Apparat; ein Treffer zersplitterte dessen Propeller, so daß der feindliche Apparat zwischen den Schützengräben niedergehen mußte. Zugsführer Gruber hat sich bei 80 Flügen über dem Feinde immer als Draufgänger vorzüglich bewährt und verblieb stundenlang zwischen Hunderten von Schrapnellwolken. Hauptmann Egon Kervay v. Kirchberg, welcher als Beobachter in dem vom Zugsführer Gruber gesteuerten Flugapparat den Kampf durchführte, schildert den Flug folgendermaßen: ‚Ich flog am 14. April 1916 mit Zugsführer Feldpilot Kurt Gruber um 5 Uhr 30 Minuten vormittags zu einem Angriff auf ein feindliches Flugzeuggeschwader von acht Apparaten auf. Aus eigener Initiative, ohne erst meinen Befehl abzuwarten, flog Feldpilot Zugsführer Gruber an das nächste Flugzeug bis auf 30 Meter heran und ermöglichte mir dadurch das Treffen desselben und der beiden Flieger. Als während des Beschießens der feindliche Apparat nicht sofort abstürzte, rief Feldpilot Gruber wiederholt: Ich werde es rammen! Bevor er diesen Entschluß ausführte, gelang es mir, nebst der Verwundung des feindlichen Fliegers, auch den Motor zu treffen, worauf dieser sofort stehen blieb. Trotzdem wich Gruber noch immer nicht von der Seite des feindlichen Apparates, sondern blieb in der nächsten Nähe desselben solange, bis dieser seine Notlandung zwischen beiden Stellungen durchführte.‘ Feldpilot Zugsführer Gruber, der bereits mit der Bronzenen und den beiden Silbernen Tapferkeitsmedaillen dekoriert war, erhielt für sein kühnes Vorgehen die Goldene Tapferkeitsmedaille als vierte Kriegsdekoration …“[21]

Laut der Internetseite doppeladler.com standen 1914 zu Kriegsbeginn 244 Mann in der Marine als Flieger im Dienst, Ende 1915 waren es 1.113 und am 1. Juli 1918 fanden sich 2.428 Mann auf den Dienstlisten. Zwischen 1914 und 1918 gerieten 65 in Gefangenschaft, acht davon gelang die Flucht. 510 Offiziere und Mannschaften – also etwa jeder Dritte – verloren im Flugdienst ihr Leben.

Das Flugzeug, mit dem Schmalzl abstürzte, war ein sogenanntes Flugboot der Lohner Werke in Wien und trug die Typenbezeichnung L. Es handelte sich dabei um einen Doppeldecker mit einer Flügelspannweite von 10,25 Metern und einer Länge von 16,2 Metern. Der Austro-Daimler-Reihenmotor hatte 160 PS und erlaubte eine Höchstgeschwindigkeit von knapp über 100 Stundenkilometer. Die Bewaffnung bestand aus einem in Steyr produzierten 8 Millimeter

Infanterie-Maschinengewehr der Type „Schwarzlose" (militärische Bezeichnung 07/12) sowie aus bis zu 200 Kilogramm Bomben. Wahrscheinlich stammen der Holzpropeller und die Suchscheinwerfer, die Johann Schmalzls Grab zieren, von dem Flugboot, mit dem er verunglückte.

Das tragische Ende des jungen Marinefliegers dürfte nicht zuletzt auf die fliegerische und militärische Unerfahrenheit seines Piloten (Schmalzl war offenbar Beobachter und Bordschütze) zurückzuführen sein. Im Qualifikationsgrundbuchsheft des Flugzeugführers ist die Ausbildungszeit in der Fliegerschule Fischamend im Jahr 1914 mit zwei Monaten und 25 Tagen vermerkt. Ab dem 9. April 1915 war der Linienschiffsleutnant Karl Dum „Flugschüler, sodann Seeflugzeugführer bei der Seeflugstation Pola". Auch eine zeitgenössische Zeitungsmeldung bestätigt indirekt, dass der Grund für den Absturz von Johann Schmalzl und Karl Dum nicht Feindeinwirkung, sondern die mangelnde fliegerische Routine des Piloten war:

„Todessturz zweier österreichischer Marineflieger. Am 7. Aug. 1915 stürzten bei Sebenico in Dalmatien der Linienschiffsleutnant Karl Dum als Pilot eines Marineflugzeuges und Seekadett Hans Schmalzl mit dem Aeroplan ab und fanden hiebei den Tod. Sie wurden am 9. Aug. in Sebenico beerdigt. Linienschiffsleutnant K. Dum, ein Sohn des ehem. Landesgerichtsvizepräsidenten von Linz, Hofrat J. Dum, legte erst vor drei Wochen seine Pilotenprüfung ab. Er stand im 27. Lebensjahre. Zwei Schwestern des jungen Helden sind in Steyr ansässig. Die Leiche Karl Dums wird zur Beisetzung in die Familiengruft nach Linz überführt. Sein Begleiter, Seekadett Schmalzl, war ein Sohn des ehem.

Besitzers des Hotels „Steyrerhof“ in Steyr. – Konteradmiral Zaccaria telegraphierte an Frl. Ida Dum in Steyr: ‚Wir betrauern den Verlust eines tapferen Offiziers und eines lieben, treuen Kameraden, dem ein ehrendes Andenken gesichert ist.‘“[22]

Josef Stohl (gest. 1844), *bürgerlicher Schmalzversilberer*, Friedhof St. Marx

WIE MAN AUS SCHMALZ GELD MACHT

Schmalzversilberer und -vergolder

Die Schmalzversilberer waren Gewerbetreibende, die mit tierischen Fetten handelten und sie solcherart in klingende (silberne) Münzen verwandelten. Österreich wäre nicht Österreich, hätten betreffend diese Handelssparte nicht schon zu Zeiten des Herrn Stohl (und weit früher) umfangreiche Bestimmungen, Verordnungen und Gesetze existiert.

Maria Theresia erließ beispielsweise im Jahr 1776 das Gesetz Nr. 1781: „Allen Obrigkeiten und Güterbesitzern, Händlern, und sonst Jedermann, wem immer, so Butter oder Schmalz erzeuget, ist frei gestattet, mit dieser Feilschaft den Wienermarkt zu befahren, und dieselbe allda entweder selbst frei und ungehindert zu verkaufen, oder solche den Schmalzversilberern zur Ablösung zu überlassen." (Veröffentlicht als Nachricht in Wien am 5. April 1776.)

Dem Gewerbe der Schmalzhändler dürften in Wien um 1800 allerdings nur eine Handvoll Personen angehört haben. Das „Vollständige Auskunftsbuch [...] in der k. k. Haupt- und Residenzstadt Wien [...] auf das Jahr 1808", verlegt von Joseph Gerold, nennt unter der Rubrik „Schmalz-Markt-Personäle" nur zwei Faktoren und drei Schmalzversilberer.

Trotzdem oder gerade deshalb wurde den Schmalzversilberern die Bildung einer Innung untersagt, wie in der im Jahr 1819 von Johann Ludwig Ehrenreich Graf von

Barth-Barthenheim im Verlag Mösle erschienenen „Oesterreichische[n] Gewerbs- und Handelsgesetzkunde" nachzulesen ist.[23]

Die 1829 von Wenzel Gustav Kopetz herausgegebene „Allgemeine österreichische Gewerbsgesetzkunde, oder systematische Darstellung der gesetzlichen Verfassung der Manufacturs und Handelsgewerbe in den deutschen, böhmischen, galizischen, italienischen und ungarischen Provinzen des österreichischen Kaiserstaates" legte fest, dass die Schmalzversilberer mit einer ganzen Reihe anderer, namentlich genannter Gewerbetreibender zum „Polizey-Gewerbe" zu rechnen seien, darunter „Anstreicher, Bierverleger, Bierwirthe, Bierschänker, Branntweiner, Bratelbrater, Brunnenmeister, Flecksieder, Fragner, Fratschlerinnen, Fuhrleute, Fiaker, Land- und Miethkutscher, Gurkenhändler, Schmalzversilberer, Traiteurs, Wäscherinnen, Wundärzte und Zwetschkenhändler. ... Alle übrigen Gewerbe ohne Unterschied, welche in diesem Verzeichnisse nicht enthalten sind, werden als Commercial-Gewerbe betrachtet."[24]

Einige Jahre später erschienen in kommentierten Ausgaben des Barth-Barthenheim'schen Œuvres detaillierte Bestimmungen für die Provinzen, in denen auch die „polizeylichen Gewerbe" näher erläutert wurden:

„Die Polizeybeschäftigungsrechte werden ihrer Bestimmung, vorzüglich aber auch dem gesetzlichen Grunde der besonderen Aufmerksamkeit gemäß, welche ihnen die Polizeygesetzgebung widmete, folgender Maßen eingetheilet:

1. In Professionen, die der Bau- und Feuerpolizey unterliegen, und ihre Hülfsarbeiter.

2. In jene, welche der Markt- und Nahrungspolizey unterworfen sind. Ferner
3. in jene, die insbesondere wegen Verwahrung des Lebens und der Gesundheit, dann
4. des Eigenthums, und
5. wegen der Sicherheit des gemeinschaftlichen Staatsbandes, des öffentlichen Ruhestandes, so wie zur Erhaltung guter Sitten einer besonderen Polizeyaufsicht bedürfen. Schließlich kommt
6. von den Gewerben zu handeln, die sich mit Transportierung der Menschen und Sachen befassen, sammt ihren Hülfsarbeitern."

Auch in der zeitgenössischen Literatur des Biedermeier tauchen Schmalzversilberer auf. Franz Xaver Karl Gewey schreibt in „Briefe des neuangekommenen Eipeldauers an seinen Vettern in Kakran" über den Tod eines ihm nicht näher bekannten Schmalzhändlers:

„... So nimm i hald das schmalzl'ndi Papier her - was wars? A Partizedl [Partezettel; Anm] von ein'n verstorbenen Schmalzversilberer, hiezt hab is natürli glei eing'sehen, warum das Papier geschmalzeld hat - der guedi Mann - tröst'n Tod - mueß si todt g'fall'n hab'n, denn es is was von ein Todfall d'rin g'standt'n - und da hab mir die Frau Vogl-viktualienhandlerinn verzähld, daß die trostlose Wittiv dös Partizedl an alli noch lebenden Schmalzversilberer, Kasstecher, Greißler und kurz an alli Partheyen, dö hirtzt mid Schmalz handeln, durch den Todtansager, der mir begeg'nd ist, had austrag'n lass'n, und so had hald si das ihrichi a g'kriegt - i hab alle weil auf den Partizedl ummerg'sucht, und hab g'glaubt es wird epper drauf stehn, empfängt keine

Visit'n - durch einen Schmalztrager' denn was kann a Schmalzversilberer für ein'n andern Hausoffizier hab'n, als ein'n Schmalztrager? Aber es is nid a Wortl von all'n dem d'rauf g'stand'n, folgli zeigt se si, daß di hinterlasseni Fr. Wittiv Visit'n annimmd und da hoff i do. daß das ehrsami Kasstecher-, Fragner-, Greißler und Oehlerermittl [Wienersich für Seifensieder; Anm.] ihrer Schuldigkeid werd'n nachg'kummen seyn, und ihneri Beileidsvisit'n werd'n abg'statt hab'n ..."

Angesichts der um 1818 offenbar stark steigenden Schmalzpreise spricht der Eipeldauer gelegentlich auch von „Schmalzvergoldern": „... denn seit dem's Schmalz ein'n Guld'n 12 Kreutzer kost't, kann m'r d' Schmalzversilberer do kani Versilberer mehr heiss'n, das heißt m'r s' Schmalz vergoldt'n, wann m'rs so theuer gibt ..."[25]

Und auch am Ende des 20. Jahrhunderts taucht der Schmalzversilberer ein weiteres (und letztes?) Mal in der Literatur auf: „Ein vom Parnaß über's kasperlische [sic!] Meer durch Frankreich reisender rußischer Schmalzversilberer hat die Nachricht verbreitet, daß die neun Musen schrecklich geohrfeigt und mit geschwollenen Backen darnieder lägen und ihnen diese Unbilden durch Dilettanten aller Arten unter vielerley Bemühungen verursacht würden ..."[26]

Die Schmalzversilberer unserer Tage unterliegen zweifelsfrei den Bestimmungen des „Commercial-Gewerbes", tragen Namen wie Jean Frankfurter, Jack White und Christian Maier und sind imstande, das von Helene Fischer, Hansi Hinterseer und Andreas Gabalier produzierte Schmalz in goldene, mitunter auch in Platin-Schallplatten zu verwandeln, weshalb sie streng genommen schon zu den Eipeldauer'schen „Schmalzvergoldern“ zu zählen wären. Dies wiederum würde bürgerliche Vergolder wie Johann Baptist Matschek, der von 1806 bis 1862 lebte, den k. u. k. Hof- und bürgerlichen Gold- und Silberarbeiter Franz Schiffer (1800–1854) sowie Herrn Carl Klinkosch, seines Zeichens k. k. Hofsilber- und Plattinwaaren-Fabrikant (1797–1860), alle am Friedhof von St. Marx bestattet, im Grab rotieren lassen.

Josef Steinbach (1895–1968), *Chefredakteur*, Friedhof Neustift

DIE PRINTMEDIEN-PROTAGONISTEN

Metteur en pages und Bildjournalisten

Wollte man mit den Berufstiteln von Verstorbenen eine Art jenseitige Zeitungsredaktion samt Verlag etablieren – man könnte das Ganze in Anlehnung an Doderer „Die Allianz" nennen –, würde man auf Wiens Friedhöfen hervorragende Vertreter der dazu benötigten Professionen finden.

Am Friedhof von Neustift liegt mit Josef Steinbach (1895–1968) ein *Chefredakteur* begraben, der vermutlich keinen Vergleich mit seinem literarischen Kollegen Cobler von Doderers „Allianz" zu scheuen brauchte und wahrscheinlich ebenso wie dieser „zeitig weg [ging]", weil er sich auf die verlassen konnte, die „wirklich [arbeiteten], die schufteten". Allerdings markierte der ebenso unrühmliche wie überstürzte Abgang des Kammerrates Levielle aus dem Vorstand der „Allianz" auch das Ende von Coblers Karriere.

Mit Verwunderung muss festgehalten werden, dass von Herrn Steinbach außer den vagen Andeutungen, dass er aus Niederösterreich stammte, zunächst im Dienst des Magistrats der Stadt Wien stand, wo er „als Lyriker geschätzt worden war", und dass er eine Zeit lang den Sessel des Chefredakteurs der „Wiener Zeitung" innehatte, wenig bekannt und kaum Schriftliches überliefert ist. Die einzigen von ihm erhaltenen Zeilen sind jene auf einer Widmung zweier Sonetten an die – namentlich nicht genannte – Tänzerin Julia Drapal, die er unter dem Eindruck der Lektüre von Oscar Wildes „Salome" geschrieben hatte: „Ich selbst verdanke Ihrer beglückenden Kunst Abende, die mich alle

Ungöttlichkeit des Daseins vergessen liessen" (Dieses Autograf Steinbachs kann im Übrigen antiquarisch um 60 Euro erworben werden.)

Selbstverständlich bräuchte unser fiktives Printmedium auch einen *Herausgeber*, wofür sich Mathias Eichinger eignen würde, der am Friedhof von Hietzing bestattet wurde. Er lebte von 1862 bis 1906 und in seinem Verlag erschien von 1931 bis 1935 die „Wiener Garten Börse, das Fachorgan für sämtliche Interessen des Gartenbaues, sowie der mit ihm verbundenen Geschäftszweige".

Erst Jahre nach dem Tod Mathias Eichingers erschien im selben Verlag die sicherlich äußert interessante Abhandlung „Der landschaftliche Charakter von Baumschulen", an der vor allem der Name des Verfassers fasziniert: Er hieß Rudolf Gnevkow-Blume und publizierte auch Werke, deren Titel verblüffend aktuell klingen, beispielsweise „Galiziens Wiedereroberung in Wort und Bild".

Mit einer (un-)gewissen Bangigkeit kann festgestellt werden, dass sich gerade in den letzten Jahren wieder beinahe biedermeierlich anmutende Publikationen wie „Garten-Flora", „Lust auf Garten" und „Garten-Spaß" großer Beliebtheit und zunehmender Leserschaft erfreuen, die deutliche Ähnlichkeiten mit der Eichinger'schen „Garten-Börse" aus der – wie wir heute wissen – Zwischenkriegszeit aufweisen.

Die Familie Kirsch, deren Gruft sich am Friedhof von Hietzing nur wenige Schritte entfernt vom Grab Eichingers befindet, zählt drei *Herausgeber* ebenso vieler Printmedien in ihren Reihen: Vater August (1862–1931) firmierte als Herausgeber des „Neuigkeits-Welt-Blattes" und der „Neuen

Illustrierten Wochenschau“, Sohn August Theodor (1902–1959) war Herausgeber der vorgenannten wie auch der „R. Z. Illustrierten Romanzeitung“ und Franziska Kirsch folgte ihm in dieser Funktion nach. Eingang in die Weltliteratur hat die „R. Z. Illustrierte Romanzeitung“ durch die Tatsache gefunden, dass sie in Doderers „Dämonen“ gleich von vier Personen mehr oder weniger regelmäßig gelesen wird, die unterschiedlicher kaum sein könnten: zunächst von der Hausmeisterin Pawlicek in Wien, die durch die spannende Lektüre des Blattes so abgelenkt wird, dass sie den Mord an einer ihrer Hausparteien nicht bemerkt. Herr Alois Pinta liest die „R. Z.“ gern in seiner Hütte bei Mörbisch unweit der ungarischen Grenze, wenn er auf die befreundeten ungarischen Nationalisten Graf von Orkay und Hauptmann Sevczik wartet. René von Stangeler hat der Zeitung einen Bericht über einen „Geier-Kraken“ entnommen, der von Dr. Williams, einem weiteren Protagonisten der „Dämonen“, nahe eines brasilianischen Hafens getötet worden ist. Frau Kapsreiter schließlich, die Dame, die in ihrem Haus „Zum blauen Einhorn“ in der Liechtensteinstraße ein Zimmer an Renata Gürtzner-Gontard vermietet, deckt sich mit der erwähnten Wochenzeitung regelmäßig in derselben Trafik ein, in der Herr von Stangeler sie allerdings nur einmal und ausnahmsweise (wegen des Aufmachers mit dem Riesenkraken) erworben hat.

Trotz des offensichtlichen Erfolgs der Zeitungsdynastie Kirsch (immerhin war das „Neuigkeits-Welt-Blatt“ eine lokale Tageszeitung, die – begründet am 6. Jänner 1874 durch S. F. Hummel – mit zwei Ausgaben pro Tag durchgehend bis 1943 erschien und ihre Auflage von 40.000 Stück im Jahr 1895 auf 67.000 Stück im Jahr 1915 steigern konnte) könnte man sich aus heutiger Sicht nur schwer eine Zusammenarbeit im eingangs erwähnten Sinne vorstellen. Das Blatt änderte seine politische Ausrichtung zeit seines Erscheinens nämlich einige Male mehr oder weniger grundlegend. Anfänglich hatte die Zeitschrift eine katholische Grundausrichtung, wurde nach dem Ende der Donaumonarchie ab April 1919 mit dem Zusatz „Tageszeitung für den Mittelstand" versehen und bezog in den 1920er-Jahren wiederholt für demokratische Prinzipien Stellung. Das Blatt verfügte zu dieser Zeit über einen ausführlichen Nachrichten-, Wirtschafts- und Lokalteil sowie unter anderem über die Beilagen „Der österreichische Landwirt", „Der bewährte Naturarzt" und „Das Welt-Blatt der Kleinen". Ab 1930 änderte sich die Blattlinie neuerlich. Die Zeitung unterstützte fortan den autoritären Kurs von Engelbert Dollfuß und fungierte als Sprachrohr der austrofaschistischen Regierung. Schon wenige Tage nach dem „Anschluss" Österreichs an Hitler-Deutschland fügte man den Untertitel „älteste arische Tageszeitung Wiens" hinzu, wodurch das Blatt unter dem Herausgeber August Theodor Kirsch in den Dienst des NS-Regimes gestellt wurde und eine Sonderstellung erhielt: Während alle anderen Wiener Zeitungsverleger ihre Blätter in den Jahren 1938 und 1939 entweder schließen oder zu vorgegebenen Preisen an nationalsozialistische Verlage abtreten mussten, durfte Kirsch das „Neuigkeits-Welt-Blatt" unbehelligt weiterführen. Erst Ende 1943, als es in ganz Österreich kriegsbedingt zu Papier- und Rohstoffknappheit kam, musste auch das NS-treue Blatt sein Erscheinen einstellen.

In unseren Tagen entbehrlich geworden, zu seiner Zeit allerdings integraler Bestandteil einer Zeitung und sicherlich ein Meister seines Faches war Jacob Hofbauer, *Metteur en pages* (Setzer), wie uns die Inschrift auf seinem am St. Marxer Friedhof befindlichen Grabstein wissen lässt. Herr Hofbauer war für die „k. Wiener Zeitung“ tätig, wusste sicherlich um den feinen Unterschied zwischen Geviertstrich, Halbgeviertstrich und Minuszeichen und hatte sich solcherart das Goldene Verdienstkreuz (der Stadt Wien?) erworben. Er verstarb im Dezember 1870. Einer seiner späteren Kollegen war Franz Hosnedl (1902–1936), dessen Grabinschrift am Zentralfriedhof ihn zwar als Schriftsetzer ausweist, nicht aber das Medium oder die Medien nennt, für das oder die er gearbeitet hat.

Stellvertretend für die Fotoredaktion unseres jenseitigen Journals kann Franz Hubmann genannt werden, auch wenn man zugestehen muss, dass der begnadete Fotograf, der auf seinem Grabstein bescheiden als *Bildjournalist* firmiert, für diesen Job wohl beinahe überqualifiziert wäre. Hubmann wurde am 2. Jänner 1914 in Ebreichsdorf geboren und erlernte zunächst den Beruf des Textiltechnikers. Erst im Alter von 32 Jahren absolvierte er eine dreijährige Ausbildung an der Graphischen Lehr- und Versuchsanstalt in Wien. Anschließend arbeitete Hubmann als Bildstellenleiter bei der Österreichischen Fremdenverkehrswerbung. Seine Fotoserien, wie zum Beispiel jene über das Café Hawelka, stellten seinen Durchbruch als Fotograf und Bildjournalist dar. Im Lauf seines Lebens veröffentlichte er rund 80 Bildbände. Als Fotograf und Autor, der auch mit Heimito von Doderer befreundet war, hielt er wie kaum ein

Jacob Hofbauer (gest. 1870), *Metteur en pages*, Friedhof St. Marx

anderer das spezifisch Österreichische und speziell Wienerische fest. Passend zu dieser hervorragenden Eigenschaft, das Wesentliche einer Szene buchstäblich augenblicklich zu erfassen, steht der kurze Sinnspruch auf seinem Grabstein: „Er kam und sah."

Es sollte uns zu denken geben, dass es in unseren Tagen vielen seiner freien Journalisten-Kollegen kaum mehr möglich ist, von den mageren Honoraren zu leben, die selbst renommierte Tageszeitungen und Wochenmagazine zu zahlen bereit sind. Von den Hungerlöhnen, die jenen Zeitungsausträgern gezahlt werden, die bei jeder Witterung und auf eigenes Risiko zwischen zwei und sechs Uhr morgens dafür sorgen, dass die Abonnenten ihre Zeitung rechtzeitig zum Frühstück im Briefkasten oder vor der Wohnungstür vorfinden, ganz zu schweigen!

Carl Frisch (gest. 1871), *k. k. Portier*, Friedhof St. Marx

TRAITEURSGATTINNEN UND ANDERE GASTROMOMEN

Von gewesenen und gemeinen Gastwirten

Wiens Friedhöfe sind auch ein Ort der Gastlichkeit – diesseitiger ebenso wie jenseitiger. Nicht selten kann man nämlich an sonnigen Nachmittagen Angehörige an und auf den Gräbern ihrer meist aus ehemaligen Kronländern eingewanderten Verwandten beim Picknick beobachten. Schade ist nur, dass sich dieser Brauch bei den sogenannten „echten" Wienern noch nicht durchgesetzt hat. Was die jenseitige Gastlichkeit betrifft, so ist sie an der beachtlichen Anzahl an Berufsbezeichnungen der ehemaligen oder wie man früher sagte – gewesenen – Wirtsleute zu erkennen, die auf eine ausgeprägte Spezialisierung der Gastronomen hindeutet.

Das Gros der Gastronomen waren gemeine Gastwirte und wären somit an dieser Stelle kaum einer Erwähnung wert, stäche da nicht beispielsweise der am noblen Hietzinger Friedhof bestattete Franz Deix heraus, seines Zeichens *Gastwirt* und auch noch Haus- und sogar Garagenbesitzer. Er lebte von 1893 bis 1943 und hatte in Geldangelegenheiten offenkundig auf Diversifikation gesetzt.

Vor dem Grab von Anton Wasserburger (1866–1915, begraben am Friedhof von Neustift) stehend, könnte man zunächst der Meinung sein, dass er zu Lebzeiten mit der Konservierung von Kunstgegenständen befasst war, schließlich ist unter seinem Namen die Berufsbezeichnung *Restaurateur* zu lesen. Die Inschrift auf der Grabplatte seiner Gattin, die dort als *Hoteliers-Gattin* apostrophiert wird, weist aber in die richtige Richtung: Herr Wasserbauer führte ein Restaurant.

Weiters kann man auf Wiens Friedhöfen die Gräber von bürgerlichen *Weinschänkerinnen, Branntweinern, Bierwirten* und *Cafetiers* finden.

Frau Elise Heß, geborene Barzal, verstorben im 20. Lebensjahr am 15. März 1854 (?) und begraben am Friedhof von St. Marx, hinterließ – wie man der Inschrift auf ihrem Grab entnehmen kann – drei unmündige Kinder und einen trauernden Gatten, seines Zeichens *k. k. Hof-Traiteur.* Die Traiteure zählten als Köche, wie andere Berufsgruppen, die mit der Produktion und dem Vertrieb von Lebensmitteln befasst waren, im kaiserlichen Österreich zu den sogenannten „Polizey-Gewerben", wovon an anderer Stelle ausführlich berichtet wird.

Über Herrn Heß und sein Lokal ist reichlich Literatur vorhanden:

„In einem ebenerdigen Restaurantgebäude (um 1705), das auch einen Tanzsaal und ein Billardzimmer enthielt, führte 1782 der Hoftraiteur und bürgerliche Koch Ignaz Jahn, dem im selben Jahr die Traiteurstelle in Schönbrunn überlassen wurde, die so genannten ‚Morgenkonzerte' ein, die ab 1782 Mozart dirigierte und die nicht zuletzt deshalb das erlesenste Publikum anzogen, besonders den hohen Adel. Sie begannen um sieben oder acht Uhr früh; das Abonnement für die Saison kostete zwei Dukaten. Die Verbindung von Toilettenschau, lukullischen Genüssen und gesellschaftlichen Aspirationen stießen Mozart bald ab und er zog sich zurück; die Konzerte wurden unter anderer Leitung fortgesetzt, verloren aber bald ihren attraktiven Charakter. Jahn sah sich nach anderen Möglichkeiten um und eröffnete 1792 in der Himmelpfortgasse ein großartiges Restaurant, in welchem hervorragende Tafelmusik gepflegt wurde; hier war auch Ludwig van Beethoven zu Gast. Als der Augarten im 19. Jahrhundert seine Zugkraft als Vergnügungsort zu verlieren begann, wusste Jahn das Interesse durch verschiedene Veranstaltungen zu heben. Durch Marionettentheater, plastische Vorstellungen, Seiltänzer und dergleichen wurde der Besuch seitens der bürgerlichen Volksschichten so lebhaft, dass ein eigener Omnibus (‚Zwölffensterwagen') den Verkehr von und nach der Stadt vermitteln musste. Nach Jahns Tod (1810) veranstaltete sein Sohn als dessen Nachfolger Sommerfeste, Wettläufe und olympische Spiele. 1812 fand hier die berüchtigte ‚Fresslotterie' statt. Während des Wiener Kongresses fand im Augarten am 6. Oktober 1814 in Anwesenheit der Alliierten ein Volksfest statt, das ein glänzender Ball beschloss. Nach der Kongresszeit hatte der Augarten den Höhepunkt seiner Beliebtheit überschritten. Mitte der 30er Jahre des 19. Jahrhunderts veranstaltete zwar Johann Strauß Vater beim damaligen Hoftraiteur Heß [im Augarten; Anm.] vielbesuchte Konzerte (1833–1837), sie vermochten aber den Niedergang des Vergnügungsorts nicht aufzuhalten." (aus: Wien Wiki)

Adolph Schmidl, ein zeitgenössischer Autor, beschreibt um 1835 das Lokal im Augarten wie folgt: „Gleich am Ende der Allee führt ein großes Gittertor in den Garten, dessen Haupteingang aber erst im großen Hofe links sich befindet. Bei jenem ist das Kaffeehauslokale des Hoftraiteurs. Das Hauptgebäude besteht aus zwei Sälen, zwischen denen ein Durchgang in den Garten führt. [...] Der Saal rechts ist dem

Hoftraiteur eingeräumt. Viele Jahre blieb derselbe unbenützt; und nur am ersten Mai war eine Restauration vorhanden. Der jetzige Hoftraiteur Heß brachte die Anstalt wieder in Aufnahme, namentlich durch die tables d'hôte, welche er sonntags und donnerstags gab. Im Jahre 1832 war hier der gewöhnliche Mittagstisch der Naturforscher."

„Die eigentlichen Wirtstafeln (tables d' hôte) sind in Wien nicht gewöhnlich. Einigermaßen aber ist ein Anfang gemacht von dem Hoftraiteur Anton Heß im Augarten und von den Brüdern Scherzer im Sperl. Der Tag, an welchem eine solche Tafel stattfindet, wird öffentlich gemacht, jedoch müssen von den Teilnehmern die Karten früher gelöst werden. Auch gibt es wenige Traiteurs oder auch Restaurateurs in Wien, denn neben dem erwähnten Hoftraiteur wären nur noch zu bemerken: J. Daum, Kohlmarkt 261 und das Casino auf dem neuen Markt. Der Fremde im Gasthof lässt sich entweder das Essen auf sein Zimmer bringen oder besucht die Speisesäle …"[27]

Einige Jahre später hatte sich die Anzahl der Traiteure in der Reichs- und Residenzstadt bereits deutlich erhöht. Im Jahr 1861 waren im Wiener Adressbuch 52 Traiteure verzeichnet.

J. S. Ebersberg beschreibt unter der Überschrift „Beobachter in Wien" in seiner Veröffentlichung „Feierstunde für Freunde der Kunst, Wissenschaft und Literatur, Zeitschrift zur Verbreitung gemeinnütziger Kenntnisse, zur Ermunterung des Guten, zur Beförderung des Nützlichen" eine Volksbelustigung, die sich um das Lokal des Traiteurs Heß zugetragen hat:

„Der 1. Mai, der wonnevolle Brauttag der Natur, wurde dieses Jahr in Wien in dem von dem großen ‚Schätzer der

Menschheit' allen Bewohnern der Residenz geöffneten Augarten und Prater von einer unermesslichen Menschenmenge heiter und fröhlich gefeiert.

Früh morgens 6 Uhr hatte das seit Jahren eingeführte Wettrennen der hiesigen herrschaftlichen Laufer statt. Es ist mit diesem, einer älteren Zeit angehörenden Herkommen ein wohltätiger Zweck verbunden, der jedoch das Unpassende und Verletzende desselben nicht rechtfertigen kann. Der Anblick der von dem Wettlaufen Zurückkehrenden ist nicht weniger, als ein erfreulicher und der Gedanken an die zerstörte Gesundheit so manches der Teilnehmenden kein sehr tröstlicher. Zu wünschen ist es, dass die herrschaftlichen Laufer die gewöhnlichen Spenden, welche sie den dürftigen Hinterlassenen ihrer Kameraden widmen, ohne jenes entwürdigende Schauspiel erhalten, und durch den Zuspruch vernünftiger Männer dahin gebracht werden könnten, dieser traurigen Belustigung für die Zukunft freiwillig zu entsagen.

Der Augarten war vormittags sehr besucht, und der k. k. Hoftraiteur Heß hatte zu seinen Mittagstafeln so großen Zuspruch erhalten, dass er mit der Bedienung, sogar mit den Löffeln, nicht ausreichen konnte."[28]

Unweit vom Grab der Familie Heß befindet sich kurioserweise das Grab jenes des Mannes, der als Zeitgenosse des Traiteurs im Augarten das Amt des *k. k. Portiers* im Augarten versah. Er hieß Carl Frisch und verstarb am 16. Oktober 1871 im Alter von 72 Jahren.

Ein Delikatessen- und Restaurantbetrieb, der auf dem Hausschild seines Lokals in der Bognergasse in der Inneren Stadt noch immer die Bezeichnung *ehemaliger k. u. k-Hoflieferant – Traiteur* führt, ist das „Schwarze Kameel".

Georg Hirschberg (1780–1850), *bürgerlicher Wund- und Geburtsarzt*, Friedhof St. Marx

VON AFTERÄRZTEN UND PROVINZBADERN

Die Beschwerden eines bürgerlichen Wund- und Geburtsarztes

Die *Wundärzte* waren historisch betrachtet zunächst Bader oder Barbiere, die an der medizinischen Fakultät eine Zusatzausbildung in Chirurgie absolviert hatten und folglich Verletzungen und „äußere Erkrankungen" behandeln durften. Wie an anderer Stelle erwähnt, wurden die Wundärzte gemeinsam mit anderen Gewerbetreibenden wie Bierschänkern und Branntweinern zu den „Polizey-Gewerben" gerechnet. Im Jahr 1787 wurde eine Verordnung erlassen, der zufolge „in jeder Provinz die Zahl der Examinatoren für die Wundärzte auf 6, und für die Hebammen auf 3, festgesetzt, und jedem zu seiner Belohnung ein Dukaten ausgemessen werden soll", sodass „alle [...] Wundärzte [...] ihre Kunst ordentlich erlernen, und darüber mit dem gehörigen Lehrbriefe versehen seyn". Für innere Erkrankungen waren akademisch ausgebildete Ärzte (Mediziner) zuständig.

Da in den Provinzen zur Versorgung der Bevölkerung zwar gelegentlich Wundärzte, selten aber Mediziner verfügbar waren, ging man unter dem Einfluss von Maria Theresias Berater Gerard van Swieten daran, Wundärzte auch hinsichtlich Diagnosestellung und (pharmakologischer) Behandlung innerer Erkrankung auszubilden. Dies geschah sowohl praktisch als auch theoretisch, wozu die Anschaffung entsprechender Fachliteratur der Einfachheit halber per Gesetz dekretiert wurde.

So beispielsweise durch das Gesetz Nr. 1788: „Den Landwundärzten wird das von dem Herrn Hofrathe und Promedikus Freiherrn von Störck erschienene Buch unter dem Titel: Medizinisch praktischer Unterricht für die Feld- und Landwundärzte anempfohlen, und dieselben zu dessen Beschaffung angeeifert." (Hofdekret vom 11. Mai 1776)

In der Einleitung seines Lehrbuches schildert Anton Freiherr von Störck, „Ihrer Römisch Kaiserl. Königl. Apostol. Majestät Hofrathe, erster Leibarzt, beständiger Präsident des medicinischen Studiums und der gesammten österreichischen Erbländer Protomedicus" die Bedeutung der Ausbildung der Kollegen in der Provinz eindringlich:

„Es ist eine der angenehmsten Angelegenheiten eines wohleingerichteten Staates für die Erhaltung seiner Bürger zu sorgen. […] Diese Wahrheit hat von jeher allen weisen Staaten eingeleuchtet. Sie haben sich durch ihre trefflichen Vorkehrungen für die Erhaltung ihrer Bürger ein viel würdigeres Denkmal bey der Nachwelt gestiftet, als durch alle die herrlichen Siegeszeichen, die sie über den Leichen ihrer Feinde pflanzten. Nur entsprach der Erfolg ihren menschenfreundlichen Absichten bisher nicht ganz. Zwar haben sie sich die größte Mühe gegeben, und keine Kosten gesparet, durch gute Polizeyanstalten die Afterärzte [Anm.: gemeint sind nicht Proktologen; es handelt sich um einen altertümlichen Ausdruck für Quacksalber] zu verbannen, die Gesundheit der Bürger zu sichern, und selbe getreuen Händen auf das Strengste geprüfter und erfahrner Ärzten zu überlassen: Allein diese halten sich gemeiniglich in Städten nur auf, und sind zu entfernt, jedem auch entlegensten Landmanne beyzustehen.

Daher genießet der größte Theil des Landvolkes und der Soldat, die noch viel geltendere Ansprüche auf die Fürsorge des Staates haben, gleichwohl hievon am wenigsten: Beyde sind vielfältigen Krankheiten ausgesetzt, und in selben meistens dem Wundarzte überlassen. Man kann hierin nicht anders helfen, als daß man dem Wundarzte so viel medicinische Kenntnisse beybringt, als er nöthig haben wird, in den oftmaligsten und gemeinsten Fällen nützlich zu seyn […]. Die Errichtung des neuen Lehrstuhles, wo die Wundärzte zuerst die nöthigsten Grundsätze der Arzneywissenschaft, und dann am Krankenbette ihre Ausübung in unserer Muttersprache erlernen, ist Sein [des Monarchen] Werk, ist ein neuer Beweis Seiner wärmsten Liebe, mit der Er auch für die geringsten Seiner Kinder sorget."

Aus heutiger Sicht muten die auf die antike Säftelehre zurückgehenden Erklärungen für die Entstehung und den Verlauf von Erkrankungen abenteuerlich an. Geschlechtskrankheiten, Gewebeuntergang mit Organversagen und andere Übel wurden selbst um 1850 landläufig auf „zu flüssige Säfte zurückgeführt": „Sind dagegen unsere Säfte zu flüssig […], so geschieht der Uebergang in die engeren Gefäße gar zu leicht und häufig, denn es treten auch dazumal solche Säfte über, welche in den größeren Gefäßen verbleiben sollten […] so wie es am öftesten in bösartigen Fäulnisfiebern, in der Pest, Skorbut und venerischen Krankheiten bemerkt wird […] Eben so verhält es sich mit dem Friesel- und Peteschenausschlägen [Hautrötungen und Einblutungen in die Haut; Anm.]; oft wird dadurch die Krankheit sehr schnell erleichtert, oft auch gar bald glücklich geendiget, und dazu sind die in der That heilsam und entscheidend; hingegen aber beobachtet man auch oft, daß bey ihrer Erscheinung der Kranke sich nicht besser befinde, aber auch bald darauf übler werde […]."

Die Behandlungsanweisungen klingen oft nach Kochrezepten: „Zeigen sich solche Ausschläge hie und da noch tief in der Haut, und ist der Kranke sehr entkräftet und ängstlich, so ist es nothwendig etwas hitzigere schweißtreibende Arzneyen beyzubringen, wie Nro. 16, 17, 18, 19, 20, 22, 23, 30, 31 […]" Zur Illustration die Rezeptur von „Arzney Nro. 16": „Rautenkraut und Lachenknoblauchkraut von jedem eine Handvoll, zerschneide und gieß sie mit genugsamen siedenden Wasser ab, laß es durch eine Stunde in einem zugedeckten Geschirre stehen, den Ueberrest zu einer halben Maß seihe durch und mische bey 4 Loth Giftwurzelsyrup und 20 Tropfen sauren Vitriolgeist; gib alle zweyte Stunde eine Schale voll."

Interessanterweise existierten seitens des Gesetzgebers auch Regelungen für die Witwen der Wundärzte, die uns aus heutiger Sicht allerdings insofern befremdlich erscheinen, als sie die Weitergabe der Gewerbeberechtigung regelten: „Auch die Wittwe eines Wundarztes muß längstens in Zeit eines halben Jahres einen geprüften, und approbirten Provisor haben, oder sich mit einem dergleichen befugten Subjecten verehelichen, widrigenfalls verliert sie die Brechtigkeit auf ihre Offizin, welche sie doch an einen geprüften und approbirten Wundarzt verkaufen kann, wo solche verkäuflich ist." (Patent Wien vom 10. April 1773)

Joseph Rothmeyer (gest. 1809), *Todtengräber*, Friedhof St. Marx

DIE GRÄBERGRABER VON ST. MARX

Eine Genealogie der Totengräber

Herr Joseph Rothmeyer, gestorben am 17. November 1809, gehörte einer Zunft an, die zu einer der ältesten überhaupt zählt, auf Grabsteinen aber – ähnlich wie die Hausbesorger – unterrepräsentiert ist: Er war *Todtengräber.* Die Besonderheit seines Grabes am St. Marxer Friedhof ist eine zumindest zweifache: Zum einen wurde und wird behauptet, dass Herr Rothmeyer der Totengräber Mozarts gewesen sei. Daher wurden er und seine Familie immer wieder mit der Frage nach dem Verbleib vor allem von Mozarts Schädel in Zusammenhang gebracht.

Wolfgang Amadeus Mozart verstarb am 5. Dezember 1791 in seiner Wiener Wohnung im „kleinen Kayserhaus" in der Rauhensteingasse 8. Es folgte die Einsegnung im Stephansdom sowie eine zweitägige Aufbahrung, vermutlich im Arbeitszimmer des verstorbenen Komponisten. Diese „Wartefrist" stand im Einklang mit dem k. k. Sanitätsgesetz und diente zur Rettung von Scheintoten. Es ist aufgrund damals herrschender Gepflogenheiten wahrscheinlich, dass der vermutlich nicht sehr umfangreiche Leichenzug (der Hausmeister namens Joseph Deiner, der eigenen Angaben zufolge mit Mozart „in persönliche Berührung" gekommen war, spricht in einer Veröffentlichung in der „Wiener Morgen-Post" von „wenigen Freunden und drei Frauen") den Leichnam höchstens bis zur Stadtgrenze am Stubentor begleitete. Die Beisetzung dürfte am 8. Dezember erfolgt sein und „fand mit dem Kondukt dritter Klasse statt, wofür 8 fl. 36 kr. bezahlt wurden. Außerdem kostete der Todtenwagen 3 fl.", so der „Deiner-Bericht" aus dem Jahr 1856 weiter. Zum Vergleich: Mozart dürfte nach neueren Erkenntnissen in seiner Wiener Zeit zwischen 5.000 und 10.000 Gulden pro Jahr verdient haben.

Entgegen weitverbreiteten Gerüchten dürfte allerdings nicht Joseph Rothmeyer, der im Todesjahr Mozarts wahrscheinlich nur ein Gehilfe des Totengräbers war, sondern der dem Wiener Bürgerspitalsfonds unterstehende hauptamtliche Totengräber Simon Preuschl die sterblichen Überreste des Komponisten übernommen und schließlich in einem Schachtgrab begraben haben.

Gustav Gugitz schrieb zu diesem Thema in „Die Frage um Mozarts Schädel und Dr. Gall" in der „Zeitschrift für Musikwissenschaft": „Ebenso viele Unwahrheiten, wie in der erweiterten mühseligen Erzählung über die Exhumierung des Schädels! […] Diesen Behauptungen, ebenso vielen Märchen, wollen wir entgegentreten. Niemals konnte es Joseph Rothmayer sein, der sich nach Angabe des Zettels die Stelle merkte, wo er Mozarts Sarg einscharrte, denn der Totengräber am St. Marxer Friedhof, der Mozarts sterbliche Überreste am 6. Dezember (sic!) übernahm, hieß Simon Preuschl."[29]

Hans Bankl und Johann Szilvàssy schreiben in ihrem Buch „Die Reliquien Mozarts: Totenschädel und Totenmaske":

„Was nun die Totengräber am St. Marxer Friedhof betrifft, so kennen wir folgende Personen: Simon Preuschl: war von 1786–1802 Amtsinhaber; in seine Dienstzeit fällt das Begräbnis Mozarts und auch die ‚Leerung der Gemeingrube' nach 10 Jahren.

Josef Rothmayer: von 1802–1809 hauptamtlich, war sehr wahrscheinlich als Gehilfe schon früher tätig. Er könnte also durchaus im Jahre 1801 beim Umgraben der Schachtgräber schon dabei gewesen sein, das ist allerdings urkundlich nicht belegt – Joseph Hyrtl schrieb dies allerdings auf den berühmten orangeroten Zettel, der auf der Stirne des Schädels klebt. In die Amtszeit Rothmayers fällt der [erste] Friedhofsbesuch der Constanze Mozart, wobei sie nur erfuhr, daß ‚der Todtengräber, dem dieses Geschäft 1791 oblag, schon seit längerer Zeit gestorben sey'.

Joseph Löffler: von 1810–1829 tätig [...].

Johann Radschopf: von 1829–1850 im Amt, soll laut dem Zettel von Joseph Hyrtl den Schädel 1842 an seinen Bruder Jakob verschenkt haben. Die Tochter Radschopfs heiratete Sebastian Braun sen., deren Sohn war Franz Braun jun., welcher der Nachfolger seines Großvaters wurde.

Franz Braun jun.: von 1850–1855 hauptamtlich tätig, war mit Sicherheit schon früher am Friedhof beschäftigt und könnte ebenfalls der Übergeber des Schädels gewesen sein.

An dieser Genealogie der Totengräber von St. Marx ist zu beachten, daß sowohl Rothmayer-Löffler, wie auch Radschopf-Braun miteinander verwandt waren. Das Weitergeben eines Totenschädels, der unverkäuflich war, innerhalb der Familien ist durchaus möglich, auch der gegenseitige Schutz durch Stillschweigen."[30]

Dass Totengräber (zu jener Zeit) gerne und oft Schädel und Knochen an interessierte Studenten und Anatomen verkauften und sich solcherart ein „Körberlgeld" verdienten, ist jedenfalls belegt und aufgrund des Umstands, dass ihr Verdienst um 1800 lediglich acht Gulden – umgerechnet zwischen 120 und 160 Euro – betrug (wofür man damals 2 Kilogramm Butter respektive 5 Kilogramm Rindfleisch kaufen konnte) auch nachvollziehbar.

Die Bestattung und Friedhöfe GmbH gibt zwar keine Auskünfte über die Entlohnung ihrer Mitarbeiter, wir können aber annehmen, dass sie heute deutlich mehr als ihre biedermeierlichen Kollegen verdienen. Ungeachtet dessen gab es aufgrund zunehmender Beliebtheit von Einäscherungen und Urnenbestattungen in den vergangenen Jahren Verdachtsfälle von Zahngold- und Titanimplantatsverkäufen, die nach der Einäscherung von Verstorbenen übrig bleiben. Wie sich gezeigt hat, existiert bisher für die Verwertung dieser mitunter wertvollen „Rohstoffe" keine befriedigende gesetzliche Regelung, sodass hier am Übergang vom Diesseits ins Jenseits von einer legistischen Grauzone gesprochen werden kann.

Um auf das Grab von Herrn Rothmeyer zurückzukommen: Seine zweite Besonderheit kann darin gesehen werden, dass seine Witwe später einen Kollegen ihres Mannes (Herrn Joseph Löffler) geehelicht und überlebt hat, und ihn schließlich im selben Grab beisetzen hat lassen. Ob sie danach eine weitere Ehe mit einem weiteren der vorgenannten Kollegen ihrer jeweiligen Gatten eingegangen ist oder bis zu ihrem Tod alleine geblieben ist, ist indes nicht eruierbar.

In Wien war mit dem Tod schon immer ein Geschäft zu machen. Das Lehmannsche Branchenverzeichnis für Wien für das Jahr 1864 verzeichnet zwar keine Einträge betreffend Totengräber, aber einen einer Trauerwarenhandlung,

die von Herrn Anton Hänsl ausgerechnet in der Jordangasse Nummer 7 betrieben wurde. Ab dem Jahr 1867 gab es die ersten gewerblichen Bestattungen. Die größten Unternehmen waren die „Entreprise des Pompes Funèbres“, die „Concordia“ und die „Pietät“. Um 1900 gab es bereits 80 Bestatter in Wien, die sich einen heftigen Konkurrenzkampf lieferten.

Das war auch der Grund, warum 1907 die „Städtische Leichenbestattung“ der Stadt Wien gegründet wurde. Sie ging aus der „Entreprise des Pompes Funèbres" und der „Concordia" hervor, die von der Gemeinde Wien aufgekauft worden waren. Zu diesem Zeitpunkt wurden 278 Bediensstete gezählt.

In den folgenden Jahren übernahm die Städtische Bestattung immer wieder Konzessionen privater Bestatter – 1919 gab es nur noch weitere 36 Mitbewerber und ab 1951 war das Bestattungswesen ausschließlich in öffentlicher Hand. Das blieb bis 2002 der Fall, als es zu einer neuerlichen Öffnung des „Marktes" kam. Im Jahr 2000 wurde die Städtische Bestattung in die Bestattung Wien GmbH umgewandelt, seit 2002 gibt es wieder private Mitbewerber, derzeit sind es etwa 20. Einige davon betreuen etwa nur türkische Bestattungen.

Auch die aktuellen Berufsbezeichnungen in den Bestattungsunternehmen sind bemerkenswert. Es gibt einen Aufnahmedienst und einen Abholdienst, dessen Mitarbeiter auch Betriebsgehilfen genannt werden. Die Trägereinteilung ordnet die Sargträger den jeweiligen Trauerfeiern zu, der Arrangeur drapiert bei der Trauerfeier die Kränze und Gestecke in den Aufbahrungshallen.

In Ausnahmefällen und auf großen Friedhöfen steht über dem Arrangeur noch der Zeremonienleiter. Jene starken Männer, die – wie in Graham Greenes Roman „Der dritte Mann" – den im Winter oftmals gefrorenen Boden für eine Beerdingung aufgraben und die Erde zur Seite schaufeln, werden branchenintern Aufmacher genannt. Auch die Bezeichnung Gräbergraber ist als modernes Pendant zum Totengräber gebräuchlich.

EIN MINISTERIUM DER TOTEN UND SEINE PERSPEKTIVEN FÜR DIE HOHE POLITIK

In der Zeit zwischen 2008 und 2013 war in dem Verwaltungsgebäude am Stubenring, das ursprünglich das k. u. k. Kriegsministerium beheimatet hatte, das Lebensministerium (!) untergebracht. Seine Aufgaben umfassten Agenden der Land- und Forstwirtschaft sowie des Umweltschutzes und der Wasserwirtschaft. Wie mir eine Mitarbeiterin des Ministeriums erzählt hat, gab es vor allem in der Kommunikation mit englischsprachigen Behörden (Ministry of Life) häufig verbale und nonverbale Schrecksekunden, die mit der unausgesprochen im Raum stehenden Frage nach einem in Österreich wohl auch denkbaren *horribile dictu* „Ministry of (the) Death" verbunden waren.

Ein solches gedanklich ins Leben zu rufen, hat einen gleich mehrfachen Reiz: Man könnte – erstmals frei von jeglichen Partei- oder Proporzzwängen – vom Minister bis zum Amtsgehilfen eine Behörde der besten Köpfe etablieren. Die Minister, die diesem „Ministerium der anderen Seite" vorstünden, hätten aufgrund der Tatsache, dass sie sich weder um ihre weitere politische oder wirtschaftliche Karriere noch um die Meinung des Boulevards kümmern müssten, uneingeschränkten Gestaltungsspielraum. Auf diese Weise könnten sie sich auf die Expertise ihrer Beamten verlassen und sie ungestört arbeiten lassen. Die Beamten wiederum wären praktisch auf alle Ewigkeit oder zumindest auf Friedhofsdauer pragmatisiert und daher über jeden Zweifel der Beeinflussbarkeit erhaben. Eine solche Freiheit von (irdischen) Zwängen jeder Art ermöglichte synaptische Rösselsprünge ungeahnter Ausmaße und ließe selbst Überlegungen zu Themen wie „bedingungsloses Grundeinkommen" und „Etablierung eines Lebensqualitätsindex anstelle des Bruttoinlandsproduktes" zu.

Die Leitung unseres erdachten Ministeriums könnte beispielsweise ein *Arbeitsminister* innehaben, der *wirklicher Geheimer Rat* gewesen sein könnte und dessen Name Ritter von Ritt gelautet haben könnte. Ein anderer Kandidat wäre ein *Bundesminister a. D., Nationalrat und Ministerialrat des Postsparkassenamtes.*

Repräsentant der höchsten Beamtenebene wäre ein *k. k. Generalchefauditor und Sektionschef im Reichskriegsministerium*, der mit den „labyrintischen Gängen" des Gebäudes am Stubenring wohl auch bestens vertraut wäre. Ihm zur Seite stünde der *Bürochef d. Imp. C.G.A.*

Der *Kanzleidirektor* wäre stets „mit Arbeit überhäuft" und weckte dadurch Erinnerungen an Kafkas „Prozess". Abhilfe wäre durch die Einstellung *des Kanzlei Vice Direktors des Wiener Magistrates* möglich.

Eine nicht zu unterschätzende Bedeutung käme in unserer fiktiven Behörde naturgemäß der Einhaltung des geltenden Protokolls zu. Als Leiter des Protokoll-Referats eignete sich folglich ein *jubilierter Protokollsdirektor des löblichen Magistrates der k. k. Haupt- und Residenzstadt.* Eine seiner Aufgaben bestünde darin, die *Ministersgattin* bei offiziellen Anlässen in Fragen der Etikette und der Garderobe zu beraten.

Die Leitung der hausinternen Sicherheitsabteilung obläge dem *Dicasterialgebäude-Inspector*, dem *k. u. k. Hofburg*

Inspector, der mehrere *k. u. k. Hof Zimmeroberaufseher* inspizierte, und dem *Magistrats Vizeinspektor.*

Eine der Arbeitsgruppen im Ministerium der Toten leitete der *k. k. Staatsrat und Konzipist*, der zwar Ähnlichkeiten mit Franz K. und Franz G. aufwiese, aber mit keinem der beiden verwandt oder verschwägert wäre.

Das Referat Finanzen würde vom *k. k. Rechnungsdirektor, Vorstand des Rechnungsdepartments der k. k. Staatslotterien* präsidiert, die Abteilung Äußere Revision vom *Adjunkten der k. k. Staatsschulden-Direktion*, der in altösterreichischer Tradition eine Zweitexistenz als *Sekretär d. k. k. Gartenbau-Gesellschaft* führte. Sein Stellvertreter titulierte als *k. u. k. Oberrechnungsrat i. P.* Der *k. k. Finanzlandesdirektions Adjunkt a. D.* wäre der Vertreter des Letztgenannten. Zu den Mitarbeitern der Äußeren Revision gehörten der *k. k. Rechnungs-Offizial der Münz- und Bergwesens-Hofbuchhaltung*, der *Ob. Rechnungsführer i. R.*, der *Oberrevident i. R.* und der *Revident im Handelsministerium*. Hoffnungslos überqualifiziert und ebenso unterbezahlt arbeitete in dieser Abteilung auch ein *k. Beamter im Finanzministerium, Dr. d. Philosophie, Professor d. Experimental-Physik* (gest. 1875).

Die Leitung des Referats Kommunikation wäre zunächst vakant. Bis ein *Pressesprecher* gefunden wäre, würde es interimistisch vom *Wirklichen Amtsrat der Telegrafen Direktion* mit Unterstützung des *Postinspektors im k. k. Handelsministerium* geführt.

Da es in unserem Ministerium neben all den „Häuptlingen" auch „Indianer" brauchte, seien stellvertretend für die Heerscharen an kleinen Beamten die folgenden genannt:

der *Gremialbeamte und Professor an der Gremial-Handelsfachschule der Wiener Kaufmannschaft*, der *Militärbeamte* und der *Beamte der Austro-Amerikana* (gest. 1918). Die Verbindung der Behörde zur Privatwirtschaft, der nur mindere Bedeutung beigemessen würde, läge in den Händen des *Privat-Beamten.* Als seine dem Ministerium vonseiten der Regierung zugeteilten Konterparts fungierten der *Bundesbeamte* und der *gewesene Herrschaftsbeamte.* Die Zuständigkeit des *k. k. Amtsdieners im Min. f. Lv.* bestünde im verlässlich organisierten und rasch durchgeführten Transport der Akten zwischen den Büros. Sein Mitarbeiter könnte sich die Vordienstzeiten als *Amtsdiener der k. k. privilegierten Boden Kreditanstalt* anrechnen lassen.

Ein im Gegensatz zur herrschenden Realität ausreichend zu entlohnender und mit einer fixen Jobzusage auszustattender Trainee wäre mit dem ehemaligen *k. k. Ministerial-Eleven* auch bereits gefunden.

Denkt man die Möglichkeiten eines solchen Super-Ministeriums weiter, könnte es als Vorbild für die Aufwertung der EU-Kommission gegenüber den nationalen Partikularinteressen des Europäischen Rates dienen. Auf diese Weise bestünde nämlich eine Chance, das Projekt der europäischen Einheit im Wege der „Verösterreicherung“, also durch eine – infolge lustvoller Demoralisierung – vermenschlichte Bürokratie, voranzutreiben.

ENDNOTEN

1 Alexis, Willibald: Als Kriegsfreiwilliger nach Frankreich, Philipp Reclam jun., Leipzig 1815.

2 http://familia-austria.net/forschung/index.php?title=WIENER_BERUFE_-_LEXIKON#I [11.12.2014].

3 Kopetz, W. Gustav: Allgemeine österreichische Gewerbs-Gesetzkunde,Volke, Wien 1829.

4 Nadherny, Kajetan: Vollständige Sammlung aller in den Jahren 1816, 1817, 1818 in dem Königreiche Böhmen kund gemachten Gesetze und Verordnungen, Band 1, Schönfeld, 1833.

5 Rattner, Anna, Blonder, Lola: 1938 – Zuflucht Palastina. Zwei Frauen berichten, Geyer-Edition, Wien-Salzburg, 1989.

6 In: Gesetze und Verfassungen im Justiz-Fache: 1798, Hof- und Staats-Aerarial-Druckerey, Wien, 1816.

7 In: Provinzial-Gesetzgebung des Königreichs Böhmen für das Jahr 1834, Band 16, Haase, Prag, 1835.

8 Bergius, Johann Heinrich Ludwig: Das „Neue Policey- und Cameral-Magazin: nach alphabetischer Ordnung, Band 3, Andrä, Frankfurt, 1785–1786.

9 Gubernialverordnung in Böhmen, 30. Juli 1787.

10 Gross-Hoffinger, Anton Johann: Lebens- und Regierungsgeschichte Josefs II. und Gemälde seiner Zeit. 2. Ausg. 4 Theile, Fr. Brodhag, Stuttgart, 1837–1842.

11 www.findbuch.at/tl_files/data/adressbuecher/1951_repoe_ksk/13__Oesterreichs_Salz-_und_Tabakmonopol_in_alter_und_neuer_Zeit.pdf [15.5.2015].

12 Hofdekret vom 11. Christmonat 1776.

13 Verordnung in Böhmen vom 20. Mai 1785.

14 www.mvg.at/index.php?cid=205 [15.5.2015].

15 Rink, Eucharius Gottlieb: Leopolds des Großen, Römischen Kaisers, wunderwürdiges Leben und Taten, Aus geheimen Nachrichten eröffnet und in vier Theile geteilet, Band 1, Fritsch, Leipzig, 1709.

16 Telesko, Werner, Kurdiovsk, Richard: in: Andreas Nierhaus (Hg.), Die Wiener Hofburg und der Residenzbau im 19. Jahrhundert, Böhlau, Wien, 2010.

17 http://www.genealogie-93-generationen.eu/index.asp?nid=2031 [15.5.2015].

18 Winkler, D., Sieche, E., Blasi, W.: „Seiner Majestät Schlachtschiff Szent István", Österreichische Militärische Zeitschrift, 5/2006.

19 http://www.genealogie-93-generationen.eu/index.asp?nid=2031 [15.5.2015].

20 Weissenbacher, Gerhard: In Hietzing gebaut, Band II, Holzhausen, Wien 2000.

21 Pesendorfer, F. J.: Oberösterreich im Weltkrieg, http://digi.landesbibliothek.at/viewer/resolver?urn=urn%3Anbn%3Aat%3AAT-OOeLB-1308439 [15.5.2015].

22 ebenda.

23 Barth-Barthenheim, Johann Ludwig Ehrenreich: Oesterreichische Gewerbs- und Handelsgesetzkunde, Mösle, 1819.
24 Kopetz, W. Gustav: Allgemeine österreichische Gewerbsgesetzkunde, oder systematische Darstellung der gesetzlichen Verfassung der Manufacturs und Handelsgewerbe in den deutschen, böhmischen, galizischen, italienischen und ungarischen Provinzen des österreichischen Kaiserstaates, Volke, Wien, 1829.
25 Gewey, Franz Xaver Karl: Briefe des neuangekommenen Eipeldauers an seinen Vettern in Kakran, Band 25, Rehm, Wien,1818.
26 Steblin, Rita: Die Unsinnsgesellschaft: Franz Schubert, Leopold Kupelwieser und ihr Freundeskreis, Böhlau, Wien, 1998.
27 Hebenstreit, Wilhelm: Der Fremde in Wien und der Wiener in der Heimat, Armbruster, Wien 1836.
28 Ebersberg, J. S.: Beobachter in Wien, in: Feierstunde für Freunde der Kunst, Wissenschaft und Literatur, Zeitschrift zur Verbreitung gemeinnütziger Kenntnisse, zur Ermunterung des Guten, zur Beförderung des Nützlichen, 3. Band, Wien, 1834.
29 Gugitz, Gustav: Die Frage um Mozarts Schädel und Dr. Gall, in: Zeitschrift für Musikwissenschaft, Leipzig 16, Jg., 1934, S. 32–39.
30 Bankl, Hans, Szilvàssy, Johann: Die Reliquien Mozarts: Totenschädel und Totenmaske, Facultas, Wien, 1992.

DANKSAGUNG

Mag. Helga Bock, Bestattungsmuseum, B&F Wien – Bestattung und Friedhöfe GmbH.

Amtsdirektorin Renate Domnanich, Österreichisches Staatsarchiv

Mag. Susanne Hayder, Kulturabteilung der Stadt Wien – MA 7, Referat Kulturelles Erbe

Univ. Prof. Dr. Gerald Kohl, Institut für Rechtsgeschichte der Universität Wien

Mag. Dr. Franz Schindl

Mag. Margot Werner, Österreichische Nationalbibliothek

Mit freundlicher Unterstützung:

Kulturabteilung der Stadt Wien, MA7 –
Wissenschafts- und Forschungsförderung

Verlagsbüro W. GmbH
www.metroverlag.at

Printed in the EU
ISBN 978-3-99300-229-9